SUSTAI**NÄH**BLE

NÄH DICH NACHHALTIG

Umweltfreundliche Kleinigkeiten für den Haushalt und unterwegs einfach selbst genäht

Gabriele Moosa

VORWORT

LIEBE LESERINNEN UND LESER,

steigende Temperaturen, schmelzende Gletscher, ein steigender Meeresspiegel, Wüstengebiete breiten sich aus. Mit dem momentan voranschreitenden Klimawandel waren Umweltschutz, Nachhaltigkeit und Müllvermeidung noch nie so wichtig. Der Klimawandel schreitet voran, und noch nie waren Umweltschutz, Nachhaltigkeit und Müllvermeidung so wichtig wie jetzt. Die Auswirkungen der Klimakrise machen sich dabei bereits an vielen Stellen bemerkbar und sind kaum noch aufzuhalten.

Aber wie können wir uns als Einzelne für die Eindämmung des Klimawandels einsetzen? Wie können wir unser Verhalten ändern?

Neben Zero Waste und Minimalismus, kann es vor allem hilfreich sein, den eigenen ökologischen Fußabdruck so gering wie möglich zu halten – also zum Beispiel auch mal das Fahrrad oder den Bus zu nehmen. Aber auch Kleinigkeiten, wie weniger Fleisch zu essen oder die Heizung ein wenig runterzudrehen, können gegen den Klimawandel wirken. Natürlich sind das nur Kleinigkeiten und wir werden damit sicher nicht von heute auf morgen die Welt verändern. Aber auch kleine Beiträge helfen, wenn wir alle im Alltag, im Haushalt und unterwegs ein wenig nachhaltiger denken.

Die Modelle in diesem Buch sollen eine kleine Anregung sein, wie man den eigenen Alltag etwas nachhaltiger gestalten kann – und viele Modelle sind dabei schnell und einfach genäht! Lassen Sie sich von den einfachen Anleitungen inspirieren, ob für den eigenen Haushalt oder als Geschenk: jedes Modell vermeidet Müll.

Viel Spaß beim Nachnähen wünscht Ihnen

Ihre Gabriele Moosa

INHALT

NACH-HALTIGKEIT

NACH-HALTIGKEIT

ZERO WASTE UND UMWELTSCHUTZ

Nachhaltigkeit ist ein sehr wichtiges und umfassendes Thema, das nicht nur uns und unsere Generation betrifft, sondern noch viel mehr die Generationen der Zukunft. Es ist ein Konzept, das darauf abzielt, die natürlichen Ressourcen der Erde zu schonen und die Umweltbelastung zu verringern. Nachhaltigkeit bedeutet, dass wir nicht mehr verbrauchen, als wir regenerieren können und dass wir die Bedürfnisse der heutigen Generationen erfüllen, ohne die Möglichkeiten künftiger Generationen zu gefährden.

Auch im Haushalt ist Nachhaltigkeit ein wichtiges Thema, das uns alle angeht. Wir produzieren jeden Tag viel Müll, welcher die Umwelt belastet und Ressourcen verschwendet. Dabei gibt es viele Möglichkeiten, wie wir unseren Haushalt nachhaltiger gestalten können. Zum Beispiel, indem wir Dinge wiederverwerten, Energie sparen und bewusster konsumieren.

In diesem Buch haben wir viele Themen aufgegriffen, die das Thema Nachhaltigkeit im Haushalt betreffen und vielleicht etwas einfacher machen könnten. Es gibt so viele Dinge, die wir im Haushalt täglich benötigen und die täglich in den Müll wandern. Diese Dinge haben wir unter die Lupe genommen und mit natürlichen Stoffen selbst hergestellt – einfach zu verwirklichen, einfach nachzunähen, kreativ und individuell zugleich – ganz im Sinne der SustaiNÄHbility!

Hier ist eine kleine Auflistung der wichtigsten Bereiche, hinter denen ein großes Potential für das Thema Nachhaltigkeit steckt:

Haushalt: Plastik- oder Alufolien können z. B. ganz einfach durch selbstgenähte Abdeckungen ersetzt werden.

Unterwegs: Keine Plastiktüten verwenden, sondern nachhaltig einkaufen mit Stoffbeuteln, Obstbeuteln und Gemüsenetzen.

Badezimmer: Wiederverwendbare Wattepads verwenden.

Küche: Wegwerfprodukte ersetzen, z. B. durch Kaffeefilter aus Stoff, waschbare Küchentücher oder wiederverwendbare Wachstücher.

Kleidung: Kann ganz einfach mit Stoffen aus Naturfasern selbstgenäht werden und ist dann ganz individuell.

BEGINNEN WIR IM HAUSHALT

Ein wichtiger Aspekt der Nachhaltigkeit im Haushalt ist die Verwertung von Dingen und Materialien, die wir nicht mehr brauchen oder die kaputt sind. Viele Dinge können sehr gut wiederverwendet werden. Zum Beispiel können wir alte Kleidung zu Putzlappen oder Taschen umnähen, Glasflaschen zu Vasen oder Windlichtern umfunktionieren und Papier zu Schmuck oder Origami falten. So sparen wir Geld, reduzieren unseren Müll und schaffen individuelle und kreative Produkte.

Wieviel Müll wir im Haushalt produzieren, hängt von vielen Faktoren ab, wie zum Beispiel der Größe des Haushalts, dem Einkaufsverhalten oder dem Lebensstil. Wie können wir also nachhaltiger sein und unseren Müll reduzieren?

Es gibt viele Möglichkeiten, wie wir unser Konsumverhalten ändern und verantwortungsvoller mit unseren Ressourcen umgehen können. Ein wichtiger Aspekt ist die sogenannte Abfallhierarchie, die folgende Schritte umfasst: Vermeiden, Verringern, Wiederverwenden, Recyceln und Entsorgen. Das bedeutet, dass wir zuerst versuchen sollten, Müll zu vermeiden, indem wir zum Beispiel keine unnötigen Produkte kaufen oder Verpackungen reduzieren. Wenn wir Müll nicht vermeiden können, sollten wir ihn verringern, indem wir zum Beispiel kleinere Portionen essen oder weniger Energie verbrauchen. Wenn wir Müll nicht verringern können, sollten wir ihn wiederverwenden, indem wir zum Beispiel gebrauchte Gegenstände spenden oder reparieren. Wenn wir Müll nicht wiederverwenden können, sollten wir ihn recyceln, indem wir zum Beispiel Papier, Glas oder Kunststoff trennen und in entsprechende Behälter werfen. Wenn wir Müll nicht recyceln können, sollten wir ihn entsorgen, indem wir zum Beispiel Restmüll in die Mülltonne werfen oder Sondermüll fachgerecht entsorgen.

Nachhaltigkeit ist wichtig, da wir nur eine Erde haben, die uns mit allem versorgt, was wir zum Leben brauchen. Dabei müssen wir an unsere Nachkommen denken, die es ebenso verdient haben, auf einer schönen Erde zu leben.

Wenn wir diese Erde ausbeuten und verschmutzen, gefährden wir nicht nur unsere eigene Gesundheit und Lebensqualität, sondern auch die von zukünftigen Generationen und anderen Lebewesen.

Aber können wir als Einzelne so viel ändern? Schon jede kleine Veränderung in unserem Verhalten, kann einen Einfluss auf die Umwelt haben! Besonders einfach ist es dabei , im eigenen Haushalt zu beginnen. Unser Haushalt verbraucht nicht nur Energie und Wasser, sondern produziert auch viel Müll durch Lebensmittel, Reinigungsmittel oder Textilien.

Dabei stellt sich die Frage: Wie können wir im Haushalt nachhaltiger sein? Zum Beispiel können wir:

• Lebensmittel einkaufen, die regional und saisonal sind und mit möglichst wenig Verpackung auskommen. Zusätzlich kann man darauf achten, Lebensmittel richtig zu lagern und zu verwerten, um Verschwendung zu vermeiden. Dabei kann es auch helfen, Mahlzeiten vorzuplanen, und nur die Lebensmittel einzukaufen, die man dafür benötigt.

• Reinigungsmittel selbst herstellen oder solche verwenden, die biologisch abbaubar sind und keine schädlichen Chemikalien enthalten. Außerdem können wiederverwendbare Lappen oder Schwämme anstelle von Einwegtüchern oder -papier verwendet werden.

• Textilien auswählen und pflegen, die aus natürlichen oder recycelten Materialien bestehen und fair produziert wurden, wie z. B. Baumwolle, Leinenstoff, Jute und vieles mehr.

• Darauf achten, Textilien nur zu waschen oder zu bügeln, wenn es nötig ist, und sie an der Luft zu trocknen anstatt im Trockner.

• Wolle als eine nachhaltige Alternative zu synthetischen Fasern verwenden. Wolle ist ein natürlicher Rohstoff, der von Schafen produziert wird und viele Vorteile hat. Sie ist wärmend, atmungsaktiv, feuchtigkeitsregulierend und selbstreinigend. Wolle kann auch recycelt oder kompostiert werden.

Indem wir diese Tipps befolgen, können wir unseren Haushalt nachhaltiger machen und einen Beitrag zum Schutz unserer Umwelt leisten.

Nachhaltigkeit im Bereich Haushalt ist kein Hexenwerk, sondern eine Frage der Einstellung und des Handelns. Wenn wir alle einen kleinen Beitrag leisten, können wir gemeinsam viel bewirken. Denn jeder Schritt zählt!

STOFFE AUS NATURFASERN UND MATERIALIEN FÜR MEHR NACHHALTIGKEIT IM HAUSHALT

BATIST

Batiststoff ist ein Material, welches meist aus Baumwolle, Leinen, Seide oder Polyester besteht. Er ist in Leinwandbindung angefertigt, feinfädig und dicht gewebt, aber sehr leicht und angenehm im Fall. Aufgrund dieser luftigen Leichtigkeit wird der Stoff gerne für sommerliche Bekleidung, wie Kleider und Blusen, aber auch für leichte Schals verwendet. Das Gewebe liegt angenehm auf der Haut und gibt dem Kleidungsstück eine leichte Eleganz.

Batiststoffe lassen sich leicht verarbeiten und pflegen. Sie können in der Maschine gewaschen und gebügelt werden. Batist ist in vielen verschiedenen Farben und Mustern erhältlich, von schlicht bis bunt, von floral bis geometrisch. Mit Batiststoffen können Sie Ihrer Kreativität freien Lauf lassen und wunderschöne Unikate schaffen.

Ganz besonders feine Batiststoffe, die sehr dünn und transparent sind, wie der sogenannte „Glas-Batist" findet häufig Verwendung bei Brautmoden, wie zum Beispiel für Schleier und andere Accessoires.

BAUMWOLLE

Baumwollstoff ist ein Naturprodukt und wird aus der Baumwollpflanze hergestellt.

Baumwolle ist bei allen Generationen sehr beliebt, da sie sehr leicht und hautfreundlich ist und ein geringes Allergiepotenzial aufweist. Dadurch ist sie ideal für Kleidungsstücke, Heimtextilien und andere Textilprodukte. Baumwolle hat viele Vorteile, wie zum Beispiel:

- Sie ist weich, atmungsaktiv und saugfähig, was sie angenehm zu tragen macht.

- Sie ist strapazierfähig, langlebig und pflegeleicht, was sie ideal für den täglichen Gebrauch macht.

- Sie ist vielseitig, da sie in verschiedenen Stärken, Webarten und Farben erhältlich ist.

- Sie ist umweltfreundlich, da sie biologisch abbaubar und erneuerbar ist.

Baumwollstoffe sind daher eine gute Wahl zur Herstellung nachhaltiger Textilien und Accessoires für die Küche oder das Bad sowie Utensilien für Unterwegs, die ständig im Gebrauch sind. Sie ist bei 60-90 °C waschbar, somit stets sauber und hygienisch.

Beschichtete (gewachste) Baumwollstoffe finden immer mehr Beliebtheit, da sie viele unterschiedliche Einsatzbereiche abdecken können. Sie sind eine tolle Alternative zu synthetischen Folien, die oft umweltschädlich sind.

Beschichtete Baumwolle ist wasserabweisend, atmungsaktiv und langlebig und eignet sich für viele verschiedene Anwendungsbereiche, wie zum Beispiel Taschen, Jacken, Hüte oder Schirme.

Auch zum Nähen von Accessoires, wie wiederverwendbare Abdeckhauben für Schüsseln, Schalen und Gläser, für kleine Beutel, Snackbags oder Taschen für unterwegs, ist dieses Material hervorragend geeignet, da es nach Gebrauch jederzeit abwaschbar ist.

Beschichtete Baumwollstoffe haben eine natürliche Optik und Haptik und werden mit der Zeit immer schöner, da sie eine individuelle Patina entwickeln. Sie sind pflegeleicht, können einfach mit einem feuchten Tuch abgewischt oder bei Bedarf in der Waschmaschine gewaschen werden. Beschichtete Baumwollstoffe sind also nicht nur praktisch, sondern auch stilvoll und nachhaltig!

FROTTEE

Frotteestoffe eignen sich ideal für Handtücher, Bademäntel, Waschlappen und andere Textilien, die Feuchtigkeit aufnehmen sollen.

An der Oberfläche des Gewebes befinden sich Schlingen aus Garn. Diese Schlingen erhöhen die Saugfähigkeit des Stoffes. Frotteestoffe können aus verschiedenen Materialien hergestellt werden, wie Baumwolle, Leinen, Seide oder synthetischen Fasern. Sie sind weich, kuschelig, langlebig und pflegeleicht.

Für die Herstellung von Haushaltsartikeln, wie Waschlappen, Gästehandtücher, Handtücher oder Babyartikel, aber auch für die Küche, wie Spültücher und Topflappen, empfiehlt es sich, einen Frotteestoff aus 100 % Baumwolle zu verwenden, da dieser bei 60 – 90 °C gewaschen werden kann und somit die Sauberkeit und Hygiene garantiert ist.

Frotteestoff ist in verschiedenen Farben, Mustern und Qualitäten erhältlich. Er ist relativ leicht zu verarbeiten. Es empfiehlt sich aber, ihn nach dem Zuschnitt im Freien etwas auszuschütteln und anschließend die Schnittkanten gut zu versäubern.

JUTE

Jute ist eine natürliche Faser, die aus den Stängeln von Pflanzen gewonnen wird, die zur Familie der Malvengewächse gehören. Jute ist eine der ältesten und vielseitigsten Textilfasern der Welt. Sie hat viele Vorteile, die sie zu einem idealen Material für verschiedene Projekte machen.

Jute ist sehr umweltfreundlich, da sie biologisch abbaubar, erneuerbar und kohlenstoffneutral ist. Sie benötigt wenig Dünger und Pestizide und verbessert die Bodenqualität. Jute ist sehr langlebig, reißfest und atmungsaktiv. Sie hat eine hohe Feuchtigkeitsaufnahmefähigkeit und kann Wärme speichern. Jute ist außerdem antistatisch, antibakteriell und hypoallergen.

Jute kann für viele Zwecke verwendet werden, wie zum Beispiel für Kleidung, Taschen, Teppiche, Vorhänge, Polster, Seile, Netze, Papier und vieles mehr.

Durch seine Robustheit ist dieser Stoff ideal zur Herstellung von Beuteln, Säckchen, aber auch für den täglichen Gebrauch in der Küche, wie z. B. für Spülschwämme oder andere Putzutensilien.

Jute besitzt eine natürliche Schönheit und einen rustikalen Charme, der jedem Raum oder Outfit einen Hauch von Natürlichkeit und gleichzeitig Neutralität verleiht. Jute ist sehr variabel und kann mit anderen Fasern gemischt oder gefärbt werden, um verschiedene Effekte zu erzielen.

Jute ist eine vielseitige Faser, die sowohl für die Umwelt als auch für die Menschen gut ist. Sie bietet eine nachhaltige und stilvolle Lösung für viele Anwendungen.

MUSSELIN

Musselin ist ein leichter, feiner und weicher Stoff, der sich ideal für sommerliche Kleidung eignet. Er besteht aus Baumwolle, Seide oder Viskose und hat eine charakteristische gekreppte Oberfläche. Musselin ist sehr atmungsaktiv, saugfähig und hautfreundlich. Er lässt sich gut drapieren, färben und bedrucken.

Musselin wird oft für Blusen, Kleider, Röcke, Schals und Babyartikel verwendet. Er ist auch ein beliebtes Material für Quilts, da er eine schöne Struktur und Wärme verleiht.

Musselin ist außerdem ein ideales Material zur Herstellung von wiederverwendbaren Utensilien oder Accessoires, wie z. B. Waschhandschuhen, Abschminkpads, aber auch Spültüchern und Abtrockentüchern für die Küche.

Musselin ist ein pflegeleichter Stoff, der bei niedriger Temperatur in der Maschine gewaschen werden kann. Er sollte nicht zu stark geschleudert oder gebügelt werden, um seine gekreppte Textur zu erhalten. Er kann an der Luft getrocknet oder im Trockner bei niedriger Einstellung getrocknet werden. Musselin kann etwas einlaufen, daher empfiehlt es sich, ihn vor dem Nähen zu waschen. Musselin kann mit einer normalen Nähmaschinennadel und einem einfachen Geradstich genäht werden.

Musselin hat eine lange Geschichte und wurde ursprünglich in Indien und im Nahen Osten hergestellt. Er war ein Zeichen von Luxus und Reichtum und wurde seit der Kolonialzeit nach Europa importiert. Im 18. und 19. Jahrhundert war Musselin ein modischer Stoff für die Damen der Oberschicht, die ihn in zarten Pastellfarben trugen. Heute ist Musselin ein vielseitiger und erschwinglicher Stoff, der in vielen Farben und Mustern erhältlich ist.

LEINEN

Leinen ist ein Naturstoff, der aus den Fasern der Flachspflanze gewonnen wird. Leinen hat viele Vorteile, die es zu einem idealen Material für Kleidung, Bettwäsche und andere Textilien machen. Die Vorteile sind unter anderem:

- Natürlich und nachhaltig: Leinen wird aus einer Pflanze hergestellt, die wenig Wasser und Pestizide benötigt. Leinen ist biologisch abbaubar und kompostierbar, was die Umwelt schont. Daher ist es ideal für die Anfertigung von Utensilien, die für den täglichen Bedarf benötigt werden, wie z. B. Kaffeefilter.

- Atmungsaktiv und kühl: Leinen hat eine hohe Luftdurchlässigkeit, die es dem Stoff erlaubt, Feuchtigkeit abzuleiten und die Körpertemperatur zu regulieren. Leinen ist besonders bei warmen Temperaturen angenehm zu tragen, da es einen kühlenden Effekt hat.

- Langlebig und robust: Leinen ist eine der stärksten Naturfasern die es gibt. Es ist widerstandsfähig gegen Abnutzung, Schmutz und Motten. Leinen wird mit der Zeit weicher und geschmeidiger, ohne an Qualität zu verlieren.

- Schön und vielseitig: Leinen hat eine natürliche Textur und einen leichten Glanz, der ihm einen eleganten und zeitlosen Look verleiht. Es lässt sich leicht färben und mit anderen Stoffen kombinieren. Von lässig bis schick, kann es für verschiedene Stile und Anlässe verwendet werden.

Leinen ist ein Stoff, der viel zu bieten hat. Wenn man auf der Suche nach einem Stoff ist, der natürlich, atmungsaktiv, langlebig und schön ist, dann ist Leinen die perfekte Wahl!

KÜCHE

BROTBEUTEL & BROTKÖRBCHEN

Material
Stoff 1: Baumwoll-Webware in Hellblau mit Pünktchen, 150 cm x 65 cm
Stoff 2: Baumwoll-Webware in Weiß mit floralem Druck, 75 cm x 35 cm
Baumwoll-Kordel in Lachs, ø 5 mm, 1,60 m lang · Zackenlitze in Weiß, 75 cm lang
2 Ösen, ø 1 cm

Größe: 34 cm x 57 cm

Zuschnitt
Stoff 1: 2x obere Außenseite (Rechteck 36 cm x 29 cm)
2x Innenseite (Rechteck 36 cm x 59 cm)
Stoff 2: 2x untere Außenseite (Rechteck 36 cm x 32 cm)

ANLEITUNG

INNENBEUTEL

Die Zuschnitte der Innenseite r-a-r legen, die beiden langen und eine kurze Kante aufeinanderstecken und mit Geradstich mit 1 cm NZG zusammennähen. An einer langen Seitennaht eine Wendeöffnung von ca. 14 cm offen lassen.

Den Stoff nun r-a-r so legen, dass die kurze Bodennaht und eine lange Seitennaht übereinander liegen. So bildet sich unten eine spitze Ecke. Von der Spitze aus 4 cm nach innen messen und quer zur Naht von Kante zu Kante ein Linie anzeichnen. Diese kurze Strecke mit dem Geradstich absteppen, Nahtanfang und -ende gut vernähen. Die zweite Ecke wird genauso genäht. So entsteht der Boden.

AUSSENBEUTEL

Je einen Zuschnitt aus Stoff 1 und Stoff 2 an der längeren Seite r-a-r legen, mit Stecknadeln fixieren und mit dem Geradstich mit 1 cm NZG nähen. NZG nach unten in Richtung des Teils aus Stoff 2 bügeln. Die beiden übrigen Teile ebenso verbinden.

Die Zackenlitze jeweils auf der rechten Seite auf der Naht platzieren, mit Stecknadeln fixieren und mit dem Geradstich mittig aufnähen.

An der oberen Kante eines der beiden Teile die Ösen anbringen. Dazu von den beiden Seitenkanten aus gemessen, bei jeweils 16,5 cm im Abstand von 3 cm zur oberen Kante je eine Markierung für die Ösen setzen. Die Punkte liegen ca. 3 cm auseinander. Die Ösen laut Herstellerangaben anbringen.

Alternativ können auch zwei Knopflöcher genäht werden. Beide Außenteile nun r-a-r legen, beide Seitenkanten und die unteren Kanten aufeinanderstecken und mit Geradstich zusammennähen.

Beide Ecken genauso herausarbeiten, wie beim Innenbeutel beschrieben. Alle Nähte ausbügeln.

Die beiden Stoffbeutel r-a-r ineinander stülpen und die oberen Kanten rundum mit Stecknadeln zusammenstecken.

Die oberen Kanten nun mit Geradstich rundum zusammennähen.

Den Beutel durch die Wendeöffnung wenden, die Wendeöffnung mit Handstichen schließen. Die Innenseite l-a-l in den Außenbeutel schieben.

Die obere Kante im Nahtbruch flach bügeln, mit Stecknadeln fixieren und mit Geradstich in einem Abstand von 4 mm rundum absteppen. Eine zweite Naht parallel zur ersten in einem Abstand von 3,5 cm nähen.

Mit einer Durchziehnadel die Kordel durch den Tunnel ziehen, am Ende verknoten.

Als kleiner Ziereffekt können die Kordelenden mit einem Stoffrest umhüllt werden.

TIPP

Der Brotbeutel kann ganz leicht zum Brotkörbchen umfunktioniert werden, indem das obere Stück bis zur Zackenlitze nach innen eingeschlagen wird.

EL &
CHEN

KAFFEEFILTER

Material
Leinenstoff in Natur (oder Baumwoll-Webware)
Groß: 30 cm x 25 cm
Klein: 20 cm x 18 cm
Webband (1 cm breit, 6 cm lang) oder Webetikett

Größe: *Groß:* 18 cm x 13 cm · *Klein:* 13,5 cm x 9 cm

Zuschnitt
1x Schnittteil Kaffeefilter in doppelter Stofflage (NZG ist im Schnittmuster enthalten)

ANLEITUNG

Die obere Kante mit einem Abstand von 1 cm mit einem etwas dichteren Zickzackstich (ca. 3 mm breit) abnähen.

Die Querfäden des Stoffs ausziehen, sodass die Kante ausfranst.

Das Webetikett der Länge nach falten und 1 cm unterhalb der Fransen an eine Seitenkante stecken, dabei zeigt die Schlaufe nach innen.

Das Schnittteil im Stoffbruch r-a-r falten und beide Seitennähte mit einer NZG von 0,7 cm nähen. Nahtanfang und -ende gut vernähen. Die NZG mit einem Zickzackstich versäubern.

Kaffeefilter auf rechts wenden, Nähte auseinanderbügeln.

TIPP

Bei der Stoffauswahl darauf achten, dass es ein 100%iger Naturstoff ist, wie z. B. Leinen, Baumwolle oder Hanf. Der Stoff darf nicht zu grob gewebt sein, damit der Kaffee nicht durchrieselt oder zu schnell hindurchfließt. Vor dem ersten Gebrauch den Kaffeefilter waschen.

KÜCHENROLLE

Material pro Küchentuch
Stoff 1: Baumwoll-Musselin in Grau (oder Weiß), 28 cm x 28 cm
Stoff 2: Baumwoll-Webware, gemustert, 28 cm x 28 cm

Größe: 24 cm x 24 cm

Zuschnitt
Stoff 1 und 2: Je 1x Quadrat (26 cm x 26 cm)

ANLEITUNG

Die beiden Schnittteile r-a-r legen, rundum mit Nadeln fixieren, dabei an einer beliebigen Seite eine Wendeöffnung von ca. 8 cm markieren.

Die Stoffteile rundum mit dem Geradstich und einer NZG von 0,75 cm zusammennähen, die Wendeöffnung dabei offenlassen.

Die NZG an den Ecken schräg zurückschneiden.

Nun das Tuch auf rechts wenden und die Ecken mit Hilfe eines dünnen Gegenstands vorsichtig ausformen. An der Wendeöffnung die NZG nach innen einschlagen und die Bruchkanten mit Stecknadeln zusammenstecken. Anschließend die Außenkanten mit dem Geradstich in einem Abstand von ca. 3 mm absteppen.

Weitere Tücher ebenso anfertigen, bis die gewünschte Anzahl für die Küchenrolle erreicht ist.

Zum Aufwickeln als Rolle die Tücher jeweils mit einer Kante etwas versetzt zu einem langen Streifen übereinanderlegen und beginnend mit dem untersten auffrollen.

OBSTBEUTEL

Material
Stoff 1: Baumwoll-Webware in Creme, 110 cm x 20 cm
Stoff 2: Organzastoff in Creme, 75 cm x 35 cm
Baumwoll-Kordel in Weiß, ø 6 mm, 90 cm lang
Zackenlitze in Weiß, 1 cm breit, 72 cm lang

Größe: 49 cm x 34 cm

Zuschnitt
Stoff 1: 2x unterer Beutel (Rechteck 36 cm x 17 cm), 2x Streifen (36 cm x 8 cm)
Stoff 2: 2x oberer Beutel (Rechteck 36 cm x 30 cm)

ANLEITUNG

Für die Vorderseite ein unteres Beutelteil aus Stoff 1 r-a-r bündig auf eine der 36 cm langen Kanten eines oberen Beutelteils aus Stoff 2 legen, mit Stecknadeln fixieren und mit dem Geradstich mit einer NZG von 1 cm zusammennähen. Die NZG mit einem Zickzackstich versäubern.

Die NZG in das untere Beutelteil streichen und in einem Abstand von 3 mm von der rechten Seite die Naht absteppen.

Die Zackenlitze halbieren, dann eines der Stücke von rechts auf die abgesteppte Naht stecken und mit dem Geradstich mittig übernähen.

An der oberen Kante einen schmalen Streifen aus Stoff 1 ebenfalls r-a-r an den Organzastoff stecken und mit dem Geradstich annähen. Mit dem Zickzackstich versäubern.

Die NZG in den schmalen Streifen streichen und in einem Abstand von 3 mm von der rechten Seite die Naht absteppen.

Die Rückseite des Beutels wird genauso gearbeitet wie die Vorderseite.

Nun die Vorder- und Rückseite r-a-r aufeinanderlegen, die beiden Seitenkanten und die unteren Kanten mit Stecknadeln fixieren.

Für den Kordeldurchlass von der oberen Stoffkante aus an der linken Seite 6 cm weit nach unten eine Markierung setzen.

Von der markierten Stelle aus beginnend mit dem Geradstich und 1 cm NZG beide Seitenkanten sowie die unteren Kanten zusammennähen. Nahtanfang und -ende gut vernähen.

Die NZG der noch offenen Seitennaht jeweils 1 cm nach innen einschlagen und mit dem Geradstich festnähen.

Nun die obere Stoffkante rundum mit einem Zickzackstich versäubern, danach 4 cm nach innen einschlagen, mit Stecknadeln fixieren und knappkantig mit dem Geradstich festnähen.

Mit einer Sicherheitsnadel die Kordel durch den Tunnel ziehen. Beide Enden zusammenbringen und mit einem schmalen Stoffstreifen umnähen.

POPCORNBEUTEL

Material

Stoff 1: Baumwoll-Webware in Lachs gemustert, 27 cm x 40 cm
Stoff 2: Leinenstoff in Beige, 40 cm x 40 cm
Reißverschlss-Meterware in Beige, 25 cm lang

Größe: 14 cm x 30 cm

Zuschnitt

Stoff 1: 1x Außenseite (Rechteck 25 cm x 38 cm)
Stoff 2: 1x Innenseite (Rechteck 25 cm x 38 cm), 2x Randeinfassung (Streifen 16 cm x 8 cm)

ANLEITUNG

Das RV-Band auseinanderziehen. Ein Bandstück, mit den Zähnchen nach unten zeigend, auf der rechten Stoffseite an einer kurzen Kante auf das Rechteck aus Stoff 1 legen, feststecken und in einem Abstand von 5 mm zu den Zähnchen festnähen. Das zweite Bandstück an der zweiten kurzen Kante genauso annähen. Nun das Rechteck aus Stoff 2 r-a-r obenauf legen und ebenfalls an den kurzen Kanten festnähen, dabei in den bereits bestehenden Nähten steppen. Das gesamte Teil l-a-l wenden. Die Stofflagen jeweils vom RV weg drücken und die Nahtkanten auf beiden Seiten vorsichtig flach bügeln. Die Lagen neben dem RV mit Stecknadeln fixieren, damit die Innenseite nicht verrutscht. Nun beide RV-Nähte von rechts im Abstand von 2–3 mm zur Naht absteppen. An den offenen Kanten die Lagen der Außen- und Innenseite l-a-l legen und innerhalb der Nahtzugabe zusammenheften.

Den Schieber aufziehen, einmal ganz durch- und am Ende wieder herausziehen, damit die Zähnchenraupe wieder geschlossen ist. Nun am Anfang die Zähnchen nochmals ein Stück weit öffnen und den Schieber erneut aufziehen. Bei 1 cm ab Stoffschnittkante den Anfang und das Ende der Zähnchenraupe mit einem Riegel sichern. Das kann entweder von Hand oder mit dichten, breiten Zickzackstichen geschehen.

RV schließen. Die Tasche nun so legen, dass der RV exakt in der Längsmitte liegt, rechts und links, parallel zum RV ist nun ein Stoffbruch. Die beiden offenen Kanten mit Stecknadeln fixieren.

Die Taschentiefe wird mit Falten gebildet. Dafür an beiden kurzen Schlauchkanten vor und nach der Bruchkante im Abstand von 2 cm eine Markierung (Stecknadel oder Knips) setzen. An jeder Kante die Markierungen r-a-r legen, sodass die Bruchkante zwischen den Lagen liegt und eine 2 cm tiefe Falte entsteht. Die kurzen Kanten sind nun 14 cm breit.

Die Kanten mit Stecknadeln fixieren und die jeweilige Seite, inklusive Falte, füßchenbreit zunähen.

Das Täschchen bügeln, die Kellerfalte ebenfalls flach bügeln.

Anschließend die beiden Außenkanten mit den Streifen aus Stoff 2 einfassen. Dafür am Streifen zuerst die Nahtzugaben der langen Kanten 1 cm breit nach links falten, dann den Streifen in Längsrichtung l-a-l zur Hälfte falten. An einer langen Kante die NZG auffalten, den Streifen r-a-r auf der Unterseite an eine kurze Kante des Täschchens stecken (seitlich steht je 1 cm Nahtzugabe über) und mit 1 cm NZG annähen. Die Kante im Nahtbruch ausbügeln. Den Streifen im Längsbruch r-a-r falten – die lange Kante liegt bei eingeschlagene NZG genau auf der Ansatznaht – feststecken und beide kurzen Streifenkanten mit 0,75 cm NZG zusammennähen. Den Streifen, um die Täschchenkante herum, auf rechts wenden und die eingeschlagene lange Kante auf der Oberseite auf der Ansatznaht feststecken. Die Bruchkante schmalkantig feststeppen.

SCHÜSSEL-ABDECKUNG

Material
Baumwoll-Webware, beschichtet (abwaschbar)
Modell 1: 60 cm x 30 cm · *Modell 2:* 85 cm x 45 cm · Webband oder Webetikett: 2 cm breit, 6 cm lang
Gummiband, 0,75 cm breit, 25 cm lang (je nach Schüsselumfang)

Größe: Individuell anpassbar, je nach Schüsseldurchmesser.
In in unseren Beispielen: *Modell 1:* ø15 cm · *Modell 2:* ø27 cm

Zuschnitt
Modell 1: Einen Kreis mit einem Durchmesser von 15 cm auf die linke Stoffseite zeichnen. Anschließend einen zweiten, größeren Kreis mit einem Abstand von 6 cm zur ersten Kreislinie anzeichnen (5 cm dienen als Überschlag, 1 cm ist die NZG). Hierbei eine Wendeöffnung von ca. 12 cm einzeichnen. Insgesamt zwei dieser Kreise ausschneiden.
Modell 2: Einen Kreis mit einem Durchmesser von 27 cm auf die linke Stoffseite zeichnen, auch hier wie bei Modell 1, einen zweiten Kreis der rundum 6 cm größer ist zeichnen. Insgesamt zwei dieser Kreise ausschneiden.

ANLEITUNG

Das Webband der Länge nach l-a-l mittig falten. Das Band nun auf die rechte Seite an einer beliebige Stelle des Stoffkreises feststecken, die Kanten liegen dabei aufeinander, das Webband zeigt nach innen.

Nun die zwei Stoffkreise r-a-r aufeinanderlegen, mit Stecknadeln rundum fixieren und füßchenbreit mit 1 cm NZG zusammennähen. Dabei die Wendeöffnung offen lassen.

Die NZG auf 0,5 cm zurückschneiden. Die Lagen auf rechts wenden. An der Wendeöffnung die NZG nach innen einschlagen und die Bruchkanten aufeinanderstecken. Die Außenkante mit 2 mm Abstand mit Geradstich absteppen, dabei in der Mitte der Wendeöffnung 2 cm für den Gummibandeinzug frei lassen.

In einem Abstand von 1,5 cm und 2,5 cm noch zwei weitere Nähte steppen, dabei ebenfalls die 2 cm offen lassen. Somit erhält man einen Tunnel, durch den das Gummiband gezogen werden kann.

Mit einer Sicherheitsnadel das Gummiband in diesen Tunnel einziehen und nach Gefühl zusammenziehen. Bevor das Gummiband abgeschnitten wird, die Haube über die Schüssel ziehen und das Gummiband bei Bedarf noch etwas justieren.

Nun das Gummiband abschneiden und mit einem Zickzackstich die schmalen Enden zusammenähen. Die kleine Öffnung mit dem Geradstich schließen.

TIPP

Man kann sein individuelles Wachstuch herstellen, indem Baumwoll-Webware mit Bienenwachs behandelt wird.

Individuelle Größenanpassung: Die „Wunschschüssel" auf die linke Seite des Stoffes legen und mit einem Stift die Kante rundherum abzeichnen. Alternativ kann eine Schablone mit dem Wunschdurchmesser aus Pappe hergestellt werden, diese auf die linke Stoffseite legen und ebenfalls rundherum abzeichnen.

SPÜLTUCH

Material
Stoff 1: Waffelpikee in Grau, 25 cm x 25 cm
Stoff 2: Baumwoll-Webware in Blau-Beige kariert, 35 cm x 25 cm

Größe: 23 cm x 23 cm

Zuschnitt
Stoff 1: 1x Rückseite (Quadrat 24 cm x 24 cm)
Stoff 2: 1x Vorderseite (Quadrat 24 cm x 24 cm), 1x Aufhänger (Streifen 5 cm x 11 cm)

ANLEITUNG

Den Streifen für den Aufhänger der Länge nach l-a-l mittig falten und leicht anbügeln. Danach wieder aufschlagen und beide Außenkanten je 2,5 cm breit nach innen zum umgebügelten Falz einschlagen. Anschließend das Band mittig zusammenfalten und mit Stecknadeln fixieren. Mit dem Geradstich die langen Kanten schmalkantig zusammen- bzw. absteppen.

Auf der rechten Stoffseite des Quadrates aus Stoff 1 von einer Ecke aus 5 cm an den beiden Außenkanten messen und markieren. Auf die verbindende Diagonale dieser beiden Punkte den Aufhänger platzieren, und an den Außenkanten mit Geradstich innerhalb der NZG feststeppen.

Vorder- und Rückseite r-a-r legen, rundum mit Nadeln fixieren, dabei eine Wendeöffnung von ca. 8 cm an einer beliebigen Seite markieren.

Die Stoffteile rundum mit dem Geradstich zusammennähen, die Wendeöffnung dabei frei lassen.

Die NZG an den Ecken vorsichtig schräg zurückschneiden.

Spültuch wenden, die Ecken mit Hilfe eines dünnen Gegenstands vorsichtig ausformen. An der Wendeöffnung die NZG nach innen einschlagen und die Bruchkanten mit Stecknadeln zusammenstecken. Anschließend die Außenkanten mit dem Geradstich in einem Abstand von ca. 3 mm absteppen.

STOFF-SERVIETTEN

Material pro Serviette
Leinenstoff in Weiß, 26 cm x 26 cm

Größe: 22 cm x 22 cm

Zuschnitt
1x Quadrat (26 cm x 26 cm)

ANLEITUNG

VARIANTE 1 – UMGESCHLAGENER SAUM

Nacheinander alle vier Kanten des Stoffquadrates jeweils diagonal 1 cm einschlagen und bügeln. Die Ecken jeweils ca. 1 cm nach innen falten und ebenfalls bügeln. Danach die Kanten erneut 1 cm umschlagen und nochmals bügeln, dabei jeweils bei den Ecken auf eine schöne Ecke achten (siehe Bild, obere Serviette). Mit Stecknadeln den Saum fixieren, bei Bedarf heften und schmal- und breitkantig mit Geradstich absteppen.

VARIANTE 2 – BRIEFECKE:

Nacheinander alle vier Kanten jeweils um 0,5 cm nach innen bügeln. Anschließend jede Kante um weitere 1,5 cm umbügeln. Den 1,5 cm breiten Umschlag aufschlagen, eine Ecke nun an den Außenkanten r-a-r so falten, dass es einen spitzen Winkel ergibt. Die Ecke nun von der umgebügelten äußeren Kante aus im 45-Grad-Winkel zur inneren Bügelkante diagonal absteppen. Ecke wenden, sie muss nun flach liegen. Wenn sie noch zu "weit" ist, die Naht etwas korrigieren. NZG bis auf 0,5 cm zurückschneiden, ausbügeln. Sind alle vier Ecken genäht und gewendet, von der linken Seite den Saum rundum schmalkantig mit dem Geradstich feststeppen.

Vor dem ersten Gebrauch die Servietten waschen.

TIPP

Mit selbst genähten Servietten können Sie trendige Table-Pieces mit tollen Mustern und Motiven erstellen – passend zum Geschirr oder der Tisch-Deko!

TEEBEUTEL

Material
Baumwoll-Musselin in Weiß, 28 cm x 20 cm
Baumwoll-Kordel, ø ca. 3 mm, 40 cm lang
1 Knopf, Metall

Größe: 12 cm x 16 cm

Zuschnitt
1x Rechteck (26 cm x 19 cm)

ANLEITUNG

Mit dem Zickzackstich der Nähmaschine oder mit der Overlock den Zuschnitt ringsherum versäubern.

Mit einer Stecknadel an einer der beiden kurzen Kanten eine Markierung bei 4 cm setzen. Nun den Stoffstreifen r-a-r zusammenfalten, es bildet sich an der einen Seite ein Stoffbruch, die anderen beiden Kanten ergeben die Seitennaht.

Diese Kanten zusammenstecken, ebenso die unteren Kanten. Von der Markierung aus nach unten die Seiten sowie die unteren Kanten mit einer NZG von 1 cm zusammennähen. Am Nahtanfang und -ende vernähen.

An dem offen gebliebenen Stück der Seitenkante die NZG jeweils 1 cm nach innen einschlagen und mit dem Geradstich festnähen.

Nun die obere Kante (Einfüllöffnung) 2 cm nach innen einschlagen, mit Stecknadeln fixieren und den Umschlag ab Schnittkante knappkantig mit dem Geradstich festnähen. Anschließend parallel in einem Abstand von 1 cm eine zweite Naht nähen. So ergibt sich ein Tunnel für die Kordel.

Mit einer Sicherheitsnadel die Kordel durch den Tunnel ziehen. Beide Enden zusammenbringen, einen Knopf einfädeln und beide Enden miteinander verknoten.

TIPP

Ideal für losen Tee. Nach Gebrauch mit heißem Wasser ausspülen.

GEFRIERBEUTEL

Material
Leinenstoff in Grün, 60 cm x 35 cm
Klettverschluss in Weiß, 2 cm breit, 20 cm lang

Größe: 25 cm x 35 cm

Zuschnitt
2x Beutelteil (Rechteck 25 cm x 30 cm)
1x Außentasche (Rechteck 7 cm x 9 cm)

ANLEITUNG

Die vier Kanten der kleinen Außentasche mit einem Zickzackstich versäubern. Zwei lange Kanten und eine kurze Kante je 1 cm breit nach links umschlagen, die zweite kurze Kante (Täschcheneingriff) 2 cm breit nach links umschlagen. Die Eingriffkante mit dem Geradstich bei 1,8 cm ab Umbruchkante absteppen.

Für die Vorderseite die kleine Tasche mittig auf die rechte Seite einer der beiden Zuschnitte platzieren, mit Stecknadeln fixieren und die beiden Seitenkanten und die untere Kante mit dem Geradstich und einem Abstand von 2 mm aufnähen.

An dem Stoffzuschnitt des rückwärtigen Beutels 9 cm von der oberen Kante aus messen, eine Linie parallel zur Kante anzeichnen. Das Hakenband des Klettverschlusses dort mittig ausgerichtet fixieren, mit Geradstich aufnähen.

Auf der Vorderseite des Beutels 18 cm von der oberen Kante aus messen, eine Linie parallel zur Kante anzeichnen. Das Flauschband des Klettverschlusses dort mittig ausgerichtet fixieren, mit Geradstich aufnähen.

Nun Vorder- und Rückseite r-a-r legen, die Seitenkanten und die unteren Kanten fixieren und je mit 1 cm NZG mit dem Geradstich zusammennähen. NZG mit dem Zickzackstich versäubern.

Die obere Kante 2 cm nach innen einschlagen, bügeln, anschließend erneut 2 cm umschlagen, bügeln und mit dem Geradstich 1,8 cm breit absteppen.

Zum Schließen des Beutels die obere Kante ca. 4 cm einschlagen und 4 cm umschlagen. Mit dem Klettverschluss verschließen.

TIPP

In die kleine Außentasche kann ein mit dem Inhalt beschriftetes Etikett eingeschoben werden.

Der Gefrierbeutel kann auch super aus PUL-Stoff genäht werden.

BADEZIMMER

ABSCHMINKPADS

Material

Modell 1: Stoff 1: Baumwoll-Frottee in Weiß oder Rosé, 22 cm x 11 cm
Stoff 2: Baumwoll-Webware mit Muster, 11 cm x 11 cm
Modell 2: Stoff 1: Baumwoll-Frottee in Weiß, 13 cm x 10 cm
Baumwoll-Spitze in Weiß, 5 cm x 1 cm

Größe:

Modell 1 (quadratisches Abschminkpad): 8 cm x 8 cm
Modell 2 (Abschminkpad als Minihandschuh): 7 cm x 10 cm

Zuschnitt

Modell 1: Stoff 1: 1x Unterseite (Quadrat 10 cm x 10 cm), 1x Einlage (7 cm x 7 cm)
Stoff 2: 1x Oberseite (Quadrat 10 x 10 cm)
Modell 2: Stoff 1: 2x Schnittteil Abschminkpad, als NZG an der Eingriffkante 1,5 cm, ansonsten 1 cm hinzufügen

ANLEITUNG

MODELL 1 QUADRATISCHES ABSCHMINKPAD

Zu beachten: Die Pads bestehen aus drei Lagen Stoff.

Das kleinere Quadrat aus Stoff 1 mittig auf die linke Seite des Quadrates aus Stoff 2 platzieren. Mit dem Geradstich das kleine Quadrat knappkantig aufsteppen.

Das größere Quadrat aus Stoff 1 r-a-r auf das Quadrat aus Stoff 2 legen, mit Stecknadeln fixieren und drei Kanten mit einer NZG von 0,75 cm zusammennähen.

Die Ecken diagonal etwas zurückschneiden, das Pad auf rechts wenden und die Ecken mit Hilfe eines dünnen Gegenstands vorsichtig ausformen.

Die NZG der offenen, vierten Seite jeweils 0,75 cm nach innen einschlagen, mit Stecknadeln fixieren. Nun das ganze Pad rundherum mit dem Geradstich und einem Abstand von 3-4 mm umnähen, dabei wird gleichzeitig die Wendeöffnung geschlossen.

Die gewünschte, bzw. benötigte Anzahl von Abschminkpads genauso nähen.

TIPP

Hier können perfekt kleine Reste schön gemusterter Baumwollstoffe aufgebraucht werden.

ABSCHMINKPADS

ANLEITUNG

MODELL 2 ABSCHMINKPAD ALS MINIHANDSCHUH

Die Baumwoll-Spitze der Länge nach mittig falten. Nun bei einem Schnittteil an der linken Kante 3 cm von der oberen Kante aus abmessen und markieren. Die Spitze hier kantenbündig auflegen und mit einem Geradstich nah an der Stoffkante festnähen.

Die oberen Kanten beider Zuschnitte mit einem Zickzackstich versäubern, 1,5 cm nach innen einschlagen und mit einem Zickzackstich (B ca. 3 mm, L 3-5 mm) feststeppen.

Jetzt beide Zuschnitte r-a-r legen, rundum feststecken und bei Bedarf heften. Anschließend mit einem Geradstich und einer NZG von 1 cm das Pad rundum schließen. Die Naht mit einem breiten Zickzackstich versäubern. Pad anschließend wenden.

TIPP

Die Pads können immer wieder verwendet werden. Einfach bei 60 °C in der Waschmaschine, am besten in einem Waschbeutel, waschen.

ORGANIZER
ZUM AUFHÄNGEN

Material
Stoff 1: Baumwoll-Webware in Blau-Weiß gezackt, 45 cm x 55 cm
Stoff 2: Baumwoll-Webware in Weiß-Grün geblümt, 55 cm x 55 cm
Stoff 3: Baumwoll-Webware in Blau-Weiß Hahnentritt, 50 cm x 70 cm
Stoff 4: Baumwoll-Webware in Mint, 65 cm x 55 cm
Volumenvlies H 630, 90 cm x 66 cm
Vlieseline H 250 in Weiß, 45 cm x 55 cm

Größe: 41 cm x 50 cm

Zuschnitt
Stoff 1: 1x Organizer-Rückseite (Rechteck 44 cm x 53 cm)
Stoff 2: 1x Organizer-Vorderseite (Rechteck 44 cm x 53 cm), 2x Aufhänger (Streifen 4 x 35 cm)
Stoff 3: 1x mittleres Taschenteil (Rechteck 45 cm x 66 cm)
Stoff 4: 1x untere Taschen (Rechteck 40 cm x 49 cm), 1x obere Tasche (Rechteck 22 cm x 19 cm)
Vlieseline: 1x Organizer-Verstärkung (Rechteck 44 cm x 53 cm)
Volumenvlies: 1x Organizer-Einlage (Rechteck 44 cm x 53 cm)
1x mittleres Taschenteil-Einlage (Rechteck 45 cm x 66 cm)

ANLEITUNG

Den passenden Volumenvlieszuschnitt auf das entsprechende Rechteck aus Stoff 1 von links aufbügeln, die Vlieseline H 250 auf das Rechteck aus Stoff 2 von der linken Seite aufbügeln.

Die beiden Aufhängerstreifen jeweils der Länge nach zur Mitte nach innen falten und bügeln, linke Seite ist innen. Wieder aufschlagen, beide Außenkanten zur Mitte hin an den gebügelten Falz legen, mit Stecknadeln fixieren und bügeln. Nun nochmal mittig zusammenfalten und schmalkantig zusammensteppen. Streifen zur Hälfte falten.

Auf der rechten Stoffseite an der oberen Kante des Teils aus Stoff 2 von beiden Außenkanten 11 cm messen, je ein Band mit der Bruchkante so anstecken, dass die Streifenenden in die Vorderseite zeigen. Mit Geradstich knappkantig ansteppen.

ORGA
AU

NIZER ZUM UFHÄNGEN

TASCHEN

Das kleinere Rechteck aus Stoff 4 ist die obere Tasche. Hierfür die vier Kanten rundum mit einem Zickzackstich versäubern, die Kanten jeweils 1,5 cm nach innen einschlagen und bügeln. Die obere Kante schmalkantig absteppen.

Für das mittlere Taschenteil das Rechteck aus Stoff 3 mit Volumenvlies unterbügeln, dann l-a-l so falten, dass die obere Kante im Bruch liegt, also die Strecke von 45 cm. Kante bügeln und schmalkantig mit dem Geradstich absteppen. Von der oberen Kante des Organizers aus 19 cm nach unten messen. Tasche hier platzieren und beide Seitenkanten mit einer NZG von 1 cm aufnähen. Anschließend von den beiden Seitenkanten jeweils 7 cm messen und parallel zur Seitenkante die Taschenaufteilung absteppen.

Das größere Rechteck aus Stoff 4 bildet die unteren Taschen. Hierfür den Stoff r-a-r so falten, dass die obere Kante im Bruch liegt, also die Strecke von 40 cm. Beide Seitenkanten feststecken, mit dem Geradstich und einer NZG von 1 cm zusammennähen, Tasche wenden und bügeln. Die Tasche mit dem Bruch nach unten r-a-r auf dem mittleren Taschenteil platzieren. Hierfür von der unteren Kante 6 cm nach oben messen. Tasche hier mittig auflegen und die untere offene Kante mit einer NZG von 1 cm festnähen. Tasche nach oben schlagen, Naht bügeln, beide Seitenkanten mit Stecknadeln feststecken und mit einer NZG von 0,3 cm aufnähen.

Nun genau mittig der unteren Tasche eine Längslinie für die Taschenaufteilung zeichnen und mit einem Geradstich über diese Linie nähen.

Nun die Organizer-Rückseite r-a-r obenauf legen, rundum mit Stecknadeln fixieren und an allen vier Kanten mit 1,5 cm NZG mit dem Geradstich zusammennähen, dabei am unteren Rand eine Wendeöffnung von 15 cm offen lassen.

Teil wenden, Nähte und Ecken herausformen und bügeln. Wendeöffnung schließen.

TIPP

Für einen stabileren Halt der unteren Taschen kann die mittlere Steppnaht erneut übernäht werden. Hierzu kann durch alle Lagen gesteppt werden, so fixiert man alle Stofflagen miteinander und beim Befüllen hat die Tasche einen besseren Halt.

SEIFENSÄCKCHEN

Material
Modell 1: Jutestoff, 20 cm x 23 cm
Baumwoll-Kordel in Beige, ø 3 mm, 50 cm lang
Modell 2: Leinenstoff in Beige, 15 cm x 40 cm
Leinenborte bestickt, 3 cm breit, 11 cm lang
Satinband in Weiß, 0,5 cm breit, 14 cm lang

Größe: *Modell 1/Jute:* 8 cm x 18 cm · *Modell 2/Leinen:* 9 cm x 17 cm

Zuschnitt
Jute: 1x Säckchen (Rechteck 18 cm x 21 cm)
Leinen: 1x Säckchen (Streifen 11 x 38 cm)

ANLEITUNG

MODELL 1 SEIFENSÄCKCHEN AUS JUTE

Mit dem Zickzackstich der Nähmaschine oder mit der Overlock den Zuschnitt ringsherum versäubern.

Mit einer Stecknadel an der schmaleren, oberen Kante an einer Seite eine Markierung von 4 cm setzen. Nun den Jutestreifen r-a-r zusammenfalten, es bildet sich an der einen Seite ein Stoffbruch, die anderen beiden Kanten ergeben die Seitennaht.

Seiten- sowie untere Kanten zusammenstecken und von der Markierung aus nach unten die Seiten sowie die unteren Kanten mit einer NZG von 1 cm zusammennähen. Am Nahtanfang und -ende verriegeln.

An dem noch offen gebliebenen Stück der Seitenkante die NZG jeweils 1 cm nach innen einschlagen und jeweils mit dem Geradstich festnähen.

Nun die obere Kante (Einfüllöffnung) 2 cm nach innen einschlagen, mit Stecknadeln fixieren und den Umschlag ab Schnittkante knappkantig mit dem Zickzackstich feststeppen.

Mit einer Sicherheitsnadel die Kordel durch den Tunnel ziehen. Beide Enden zusammenbringen und miteinander verknoten.

ANGÉLIQUE

SEIFEN-SÄCKCHEN

MODELL 2 SEIFENSÄCKCHEN AUS LEINEN:
Die beiden kurzen Kanten des Stoffstreifens mit einem Zickzackstich versäubern, jeweils 1 cm einschlagen und mit dem Geradstich absteppen.

Das Satinband der Länge nach mittig falten, von der oberen kurzen Kante aus 6 cm messen, das Band so an die rechte lange Kante stecken, dass die Schlaufe nach innen schaut. Mit dem Geradstich innerhalb der NZG festnähen.

Die Leinenborte auf die rechte Seite der 2. kurzen Kante bündig an die umgenähte Kante mit Stecknadeln fixieren, mit dem Geradstich rundum aufnähen.

Anschließend den Stoffstreifen r-a-r von unten 13,5 cm nach oben falten, feststecken und die obere Kante 5,5 cm nach unten falten, ebenfalls feststecken. Dieser Umschlag liegt dann ca. 2 cm über dem unteren Umschlag.

Beide Seitennähte nun mit einer NZG von 1 cm mit Geradstich schließen, anschließend mit Zickzackstich versäubern.

Säckchen wenden, die Ecken mit Hilfe eines dünnen Gegenstandes vorsichtig ausformen.

STOFFTASCHEN-TÜCHER

Material
Modell 1: Baumwoll-Batist in Weiß, 35 cm x 35 cm
Baumwoll-Spitze in Weiß, 4 mm breit, 135 cm lang
Modell 2: Baumwoll-Batist mit Rosenprint, 35 cm x 35 cm
Modell 3: Baumwoll-Batist in Weiß-Braun gemustert, 35 cm x 35 cm

Größe: 32 cm x 32 cm

Zuschnitt
Pro Stoff 1x Quadrat von 34 cm x 34 cm

ANLEITUNG

MODELL 1

Alle vier Kanten 1 cm nach links einschlagen, bügeln und feststecken. Mit einem feinen Zickzackstich (ca. 3 mm breit und 1-2 mm lang) die umgebügelten Kanten festnähen, dabei die Schnittkante umstechen. Somit ist die Kante versäubert und gleichzeitig festgenäht.

Die Baumwoll-Spitze an die 1. Kante so anlegen, dass sie zur Hälfte über die Kante steht. So unter den Nähfuß platzieren, dass beim Annähen mit dem Zickzackstich die Nadel links in den Saum des Taschetuchs sticht und rechts in die Spitze.

So werden alle vier Kanten genäht, dabei an den Ecken die Spitze in eine diagonale Falte legen. Am Ende die Spitze mit 1 cm Überstand abschneiden. Dieser wird anschließend nach innen umgeschlagen und von Hand angenäht.

MODELLE 2 UND 3

Alle vier Kanten des Stoffstücks 0,75 cm einschlagen, bügeln, danach nochmals 0,75 cm umschlagen, bügeln und feststecken. Mit dem Geradstich den Saum schmalkantig absteppen.

Taschentücher bügeln und vor dem ersten Gebrauch waschen.

TROCKENTÜCHER
FÜR ARMATUREN

Material
Musselin in Weiß, 60 cm x 30 cm · Schrägband in Hellgrün, 2,5 cm breit, 130 cm lang

Größe: *Modell 1:* 26 cm x 26 cm
Modell 2: 24 cm x 24 cm

Zuschnitt
2x Quadrat 26 cm x 26 cm

ANLEITUNG

Von dem Schrägband für die Aufhänger zwei Stücke von 6 cm abschneiden. Das Schrägband der Länge nach mittig falten, mit dem Geradstich schmalkantig an einer Längskante absteppen.

MODELL 1

Das Schrägband für die Außenkante an einer Seite aufklappen, die Kante r-a-r an einer Kante des Stoffzuschnittes kantenbündig mit Stecknadeln fixieren. Das Schrägband mit dem Geradstich in der Bügelfalz aufnähen. Das überschüssige Schrägband am Ende abschneiden. Nun das Band über die NZG legen und auf die andere Stoffseite umschlagen. Mit Stecknadeln fixieren und knappkantig mit dem Geradstich feststeppen.

Bei den weiteren drei Kanten wird das Schrägband am Nahtanfang 1 cm nach innen eingeschlagen, anschließend in der Bügelfalz wie oben beschrieben aufgenäht, und ebenfalls umgeschlagen und festgesteppt.

Einen Aufhänger der Länge nach mittig falten, an einer Ecke auf der Rückseite des Tuchs mit Nadeln fixieren und mit einem Zickzackstich knappkantig annähen. Somit ist die Nahtkante des Bandes auch gleichzeitig versäubert.

MODELL 2/TUCH MIT SAUM

Die Außenkanten jeweils 1 cm einschlagen und anbügeln. Mit Stecknadeln fixieren.

Mit einem Zierstich (in unserem Beispiel der Wabenstich) die Säume aller vier Kanten festnähen. Dabei wird die Schnittkante überstochen. Somit wird ein Ausfransen des Stoffes verhindert.

Den Aufhänger der Länge nach mittig falten, an einer Ecke auf der Rückseite des Tuchs mit Nadeln fixieren und mit einem Zickzackstich knappkantig annähen.

CULTI
CULTI

WASCH-HANDSCHUH

Material
Baumwoll-Frottee in Rosa, 40 cm x 25 cm
Webetikett oder Webband „Engel“, 1,5 cm breit, 3 cm lang
Satinband in Weiß, 0,5 cm breit, 12 cm lang

Größe: 17 cm x 21 cm

Zuschnitt
2x Schnittteil Waschhandschuh, als NZG an der Eingriffkante 1,5 cm, ansonsten 1 cm hinzufügen

ANLEITUNG

Für das Webband eine Markierung setzen. Hierfür auf der rechten Seite eines Zuschnittes von der oberen Kante aus 4,5 cm messen und mit einer Stecknadel markieren. Das Webband aufstecken und mit einem Geradstich rundherum aufnähen.

Das Satinband der Länge nach mittig falten, auf die rechte Seite des Zuschnittes von der oberen Kante aus 3,5 cm nach unten messen, das Band so auflegen, dass die Schlaufe nach innen zeigt. Mit einem Geradstich nah an der Stoffkante festnähen.

Jetzt beide Zuschnitte r-a-r legen, rundum feststecken und bei Bedarf heften. Anschließend mit einem Geradstich und einer NZG von 1 cm die Lagen – bis auf die Eingriffkante – zusammennähen. Die NZG mit einem Zickzackstich versäubern.

Die obere Kante ebenfalls mit einem Zickzackstich rundum versäubern. Die Kante 1,5 cm nach innen einschlagen, mit einem Zickzackstich (B ca. 4 mm, L 3-5 mm) rundum feststeppen.

Waschhandschuh wenden und bügeln.

UNTERWEGS

TIPP

Für diese Größe des Beutels kann auch ein durchsichtiger Schulhefteinband, anstelle des Wachstuchstoffs, genommen werden.

1-LITER BEUTEL
FÜR FLÜSSIGKEITEN

Material
Wachstuch in Transparent, 46 cm x 24 cm · Zier-RV in Braun, 20 cm
Webband, 1,5 cm breit, 24 cm lang · Satinband in Weiß, 0,75 cm breit, 35 cm lang

Größe: 20 cm x 19 cm

Zuschnitt
1x Beutelteil (Streifen 44 cm x 22 cm)

ANLEITUNG

Die beiden kurzen Kanten jeweils um 3 cm nach links einschlagen, mit Clipsen feststecken und mit dem Geradstich in einer Breite von 2,7 cm absteppen.

Den RV öffnen, ein Trägerband an einer kurzen Kante auf der rechten Seite so auf den Umschlag legen, dass die Zähnchen knapp vor der Bruchkante liegen. Trägerband knapp neben den Zähnchen feststeppen.

Anschließend das zweite Trägerband an der zweiten kurzen Kante genauso aufnähen.

Die Wachstuchröhre nun so l-a-l flach legen, dass sich der RV im Abstand von 4 cm zur oberen Umbruchkante befindet. Die seitlichen Kanten des Beutelchens jeweils l-a-l legen, mit Clipsen fixieren und innerhalb der NZG mit dem Geradstich zusammennähen.

Für die Trägerschlaufe 12 cm von dem Satinband abschneiden, der Länge nach mittig falten, 0,5 cm unterhalb des oberen Umbruches an der linken Kante auf der NZG so anstecken, dass die Schlaufe nach außen schaut. Mit dem Geradstich innerhalb der NZG fest annähen.

Von dem Webband 4 cm abschneiden, dies der Länge nach l-a-l falten, 0,2 cm oberhalb des unteren Umbruchs auf der NZG so anstecken, dass die Schlaufe nach außen schaut. Mit dem Geradstich schmalkantig annähen.

Das restliche Satinband auf der NZG der linken Kante des Beutels fixieren, die Schmalseiten dabei 1 cm nach innen einschlagen. Mit dem Geradstich der Länge nach aufnähen.

Das restliche Webband an die rechte Kante des Beutels fixieren, die Schmalseiten ebenfalls dabei 1 cm nach innen einschlagen, und mit dem Geradstich an beiden Längsseiten aufnähen.

BESTECKTASCHE

Material

Stoff 1: Baumwoll-Webware in Blau-Natur, 70 cm x 40 cm · Stoff 2: Leinenstoff in Natur, 35 cm x 30 cm
Volumenvlies H 630, 35 cm x 40 cm · Baumwoll-Kordel in Weiß, ø 4 mm, 100 cm lang
Zackenlitze in Weiß, 33 cm lang · 1 Holzperle oder Mini-Garnrolle

Größe: 31 cm x 33 cm

Zuschnitt

Stoff 1: 2x Rollenteil (Rechteck 33 cm x 35 cm), Volumenvlies: 1x Einlage-Rollenteil (Rechteck 33 cm x 35 cm)
Stoff 2: 1x Einschubfächer (Rechteck 33 cm x 25 cm)

ANLEITUNG

Das Volumenvlies auf die linke Seite eines Rechtecks aus Stoff 1 bügeln. Es empfiehlt sich, dabei dies von der Baumwoll-Seite aus zu bügeln.

Stoff 2 an den kurzen Kanten l-a-l zur Hälfte falten, der Stoff liegt doppelt, es ergibt sich eine Höhe von 12,5 cm. Den Umbruch bügeln.

Mit einem selbstlöschenden Markierstift auf die rechte Seite des Leinenstoffs Linien für die Einschubfächer zeichnen: Von der rechten Kante ab NZG beginnend je 4 cm messen und vier Linien in Richtung linke Kante zeichnen. Anschließend drei Linien im Abstand von 2,5 cm messen und anzeichnen. Die letzten drei Linien haben einen Abstand von je 1,5 cm.

Das Fächerteil auf die rechte Seite des Stoffs 1 legen, die unteren sowie die seitlichen Schnittkanten treffen aufeinander.

Mit Stecknadeln rundum fixieren, mit einem Geradstich den aufgezeichneten Linien folgen und somit die Einschubfächer aufsteppen. Den Nahtanfang am Bruch stets gut verriegeln.

Auf die rechte Stoffseite des zweiten Rechtecks aus Stoff 1 von oben eine Markierung bei 23 cm quer auf den Stoff zeichnen. Die Zackenlitze auf dieser Linie platzieren, feststecken und mit Geradstich über die Mitte aufnähen.

Die Baumwoll-Kordel am Ende der Zackenlitze feststecken, die Kordel schaut dabei nach innen.

Die Rechtecke aus Stoff 1 r-a-r legen, rundum mit Stecknadeln fixieren und mit dem Geradstich zusammennähen. Dabei an der oberen Kante eine Wendeöffnung von 13 cm offen lassen.

Durch die Wendeöffnung die Bestecktasche wenden, die Ecken ausformen. Wendeöffnung schließen, indem die NZG nach innen geschlagen wird, mit Stecknadeln fixieren. Nun die obere Kante in einem Abstand von 2 mm mit dem Geradstich absteppen.

Am Kordelende die Mini-Garnrolle oder die Holzperle einfädeln, das Ende verknoten. Besteck in die Fächer einschieben, die obere Kante nach innen umschlagen, die Bestecktasche aufrollen und mit der Kordel umwickeln. Die Holzperle unter die Kordel schieben, somit bleibt die Bestecktasche beim Transport geschlossen.

TIPP

Vor Gebrauch das genähte Butterbrotpapier waschen. Es kann auch komplett aus Baumwoll-Stoff bestehen, hierfür kann alternativ eine Seite des Stoffes mit lebensmittelechtem Bienenwachs behandelt werden.

BUTTERBROT-PAPIER

Material
Stoff 1: Wachstuch in Lachs, 50 cm x 35 cm
Stoff 2: Baumwoll-Webware in Blau-Lachs, 50 cm x 35 cm
Klettverschlussband in Weiß, 2 cm breit, 15 cm lang

Größe: 46 cm x 30 cm

Zuschnitt
Stoff 1: 1x Rechteck (48 cm x 32 cm)
Stoff 2: 1x Rechteck (48 cm x 32 cm)
Nach Belieben können die Ecken der Rechtecke etwas abgerundet werden.

ANLEITUNG

Das Klettverschlussband auseinanderziehen. Das Flauschband von einer kurzen Kante aus mittig nach innen auf der rechten Seite des Baumwoll-Rechtecks platzieren, mit Stecknadeln fixieren und rundum mit dem Geradstich aufnähen.

Das Hakenband an der gegenüberliegenden Kante mittig platzieren. Dabei liegt die raue Seite auf der rechten Stoffseite, die Schmalkante liegt an der Schnittkante des Stoffes. Mit ein paar Stichen nur diese Schmalkante des Hakenbandes annähen (nach dem Verstürzen schaut dieses Hakenband als Lasche heraus).

Das lose Stück Hakenband bleibt noch auf dem Stoff 2 liegen. Nun die Rechtecke aus Stoff 1 und Stoff 2 r-a-r legen, rundum mit Stecknadeln fixieren und mit einer NZG von 1 cm zusammennähen, dabei eine Wendeöffnung von ca. 10 cm offen lassen.

Das Teil durch die Öffnung wenden, die Nähte sauber herausformen, die Kanten mit Clipsen fixieren. Die Wendeöffnung schließen, hierzu die NZG nach innen schlagen und auch fixieren.

Mit einem Abstand von 2-3 mm von der Außenkante das komplette Teil mit dem Geradstich absteppen.

Jetzt kann ein Butterbrot auf die Wachstuchseite mittig gelegt werden. Zum Schließen zuerst die langen Kanten einschlagen, anschließend die kurze Kante mit dem Flauschband, dann die andere kurze Kante mit dem Hakenband, welches vorsichtig auf das Flauschband gedrückt wird.

EINKAUFSTASCHE

Material
Stoff 1: Baumwoll-Webware in Beige mit Blumen, 80 cm x 55 cm
Stoff 2: Baumwoll-Webware in Hellgrün, 80 cm x 24 cm

Größe: 36 cm x 48 cm

Zuschnitt
Stoff 1: 2x Schnittteil Einkaufstasche im Stoffbruch, an der oberen Kante 3 cm NZG, ansonsten 1 cm hinzufügen
Stoff 2: 2x Henkel (Streifen 75 cm x 10 cm, inkl. 1 cm NZG)

ANLEITUNG

Beide Taschenteile r-a-r legen, die Seitenkanten und die Rundungen mit Stecknadeln fixieren. Mit einer NZG von 1 cm die Kanten zusammennähen.

Die NZG mit einem Zickzackstich versäubern.

Die obere Kante rundherum 1,5 cm nach innen einschlagen, mit Stecknadeln fixieren und bügeln. Anschließend nochmals 1,5 cm nach innen umschlagen, mit Stecknadeln fixieren und erneut bügeln, bei Bedarf heften. Den Umschlag in einem Abstand von 1,3 cm mit dem Geradstich absteppen.

Henkel: Die Stoffstreifen der Länge nach mittig falten und bügeln, rechte Seite schaut dabei nach außen.

Die Bänder wieder aufschlagen und nun je eine lange Kante hälftig zur Mitte einschlagen, sie treffen auf den vorgebügelten Mittelfalz. Mit Stecknadeln fixieren, erneut bügeln. Die kurzen Kanten jeweils 1 cm breit nach links einschlagen und bügeln. Nun die Bänder erneut der Länge nach mittig falten und wieder mit Stecknadeln fixieren.

Die offene Längsseite des Bandes mit dem Geradstich schmalkantig absteppen.

Die beiden Henkel lt. Schnittmarkierung an der Innenseite der Tasche feststecken, mit Geradstich in der Nahtlinie des Umschlages gut festnähen.

Schnittmusterbogen A

TÄSCHCHEN
FÜR HYGIENEARTIKEL

Material

Außentasche: Stoff 1: Baumwoll-Webware in Grau mit Blüten, 25 cm x 25 cm
Innentasche: Stoff 2: Musselin in Grau, 25 cm x 25 cm
Volumenvlies H 630, 25 cm x 25 cm
Reißverschluss in Creme, 25 cm lang
Schrägband in Hellgrün, 2,5 cm breit, 80 cm lang

Größe: 22 cm x 10 cm x 6 cm

Zuschnitt

Stoff 1, Stoff 2 und Volumenvlies: Je 1 Kreis mit ø 24 cm, inkl. 1 cm NZG

ANLEITUNG

Das Volumenvlies auf die linke Seite des Kreises aus Stoff 2 bügeln. Die Kreise aus Stoff 1 und Stoff 2 nun l-a-l legen, rundum feststecken und mit einem Abstand von 0,5 cm vom Außenrand mit Geradstich zusammennähen.

Das Schrägband von links an die Schnittkante des Kreises so anstecken, dass eine aufgeschlagene Kante des Schrägbandes mit der Schnittkante des Kreises abschließt. Rundum anstecken.

Im Bügelfalz mit Geradstich das Schrägband aufnähen, die Enden dabei um ca. 2 cm überlappen.

Nun das Schrägband nach außen über die Schnittkante falten, von der rechten Seite feststecken und knappkantig absteppen.

Den Kreis nun mittig falten, und zusammenstecken. Die Außentasche liegt dabei innen. Von beiden Endspitzen ausgehend die Rundung etwas zunähen.

Hierfür entlang des Schrägbandes die offene Kante schmalkantig ca. 6 cm zunähen.

Es bleibt an der Rundung eine Öffnung von ca. 25 cm Täschchen auf rechts wenden.

Den RV öffnen, erst eine Hälfte des RV in die Rundung entlang des Schrägbandes einstecken, heften und nähen, die RV-Zähnchen schauen dabei heraus. Anschließend die andere Seite des RV einstecken, heften und nähen.

Für den Boden das Täschchen nun r-a-r so falten, dass die untere Mitte und die 6 cm lange Naht übereinander liegen. Somit bildet sich unten an den Ecken jeweils eine Spitze. Die Lagen zusammenstecken und für die Bodentiefe im Abstand von 6 cm zur Spitze quer mit Geradstich zusammennähen.

Nun kann das Täschchen gewendet werden.

LUNCHBAG

Material

Außenstoff: Stoff 1: Baumwoll-Webware in Natur mit Kreismuster, beschichtet (lebensmittelecht), 45 cm x 50 cm
Innenstoff: Stoff 2: Baumwoll-Webware in Altrosé mit kleinem Muster, 60 cm x 50 cm
Klettband in Weiß, 2 cm breit, 12 cm lang

Größe: 19,5 cm x 41 cm x 6 cm

Zuschnitt

Stoff 1: 2x Schnittteil Lunchbag, als NZG rundum 1 cm hinzufügen.
Für die Vorderseite an einem Schnittteil die Markierung für das Flauschband, für die Rückseite am zweiten Schnittteil die Markierung für das Hakenband übertragen.
Stoff 2: 2x Schnittteil Lunchbag, als NZG rundum 1 cm hinzufügen.
1x kleine Außentasche (Quadrat 14 cm x 14 cm), 1x Schlaufe (Streifen 8 cm x 4,5 cm)

ANLEITUNG

Zuerst das Flauschband auf die rechte Seite der Vorderseite aus Stoff 1 stecken, anschließend mit dem Geradstich aufnähen. Dabei die kurzen Kanten gut verriegeln da diese beim ständigen Öffnen und Schließen sehr beansprucht werden.

Das Hakenband auf die rechte Seite der Rückseite aus Stoff 1 stecken und mit dem Geradstich aufnähen.

Für die Schlaufe beide langen Kanten des Streifens jeweils um 1,5 cm nach innen einschlagen, anschließend den Streifen der Länge nach mittig falten und mit Stecknadeln fixieren. Mit dem Geradstich die offene lange Kante schmalkantig absteppen.

Den Stoff für die kleine Außentasche r-a-r mittig falten, die beiden Seitenkanten mit einer NZG von 0,5 cm zusammennähen. Tasche wenden.

Von der oberen Kante der Vorderseite 38 cm nach unten messen, markieren. Nun die kleine Tasche an diese Markierung anlegen, dabei wird die offene lange Kante der Tasche r-a-r aufgesteckt. Der Bruch zeigt nach unten. Mit dem Geradstich füßchenbreit die untere Kante aufnähen. Die kleine Tasche nach oben klappen und beide Seitenkanten mit dem Geradstich festnähen.

Die Schlaufe der Länge nach falten, bei 22 cm von der oberen Kante aus gemessen an einer Seitenkante der Vorderseite fixieren, die Schlaufe schaut dabei nach innen. Mit dem Geradstich schmalkantig annähen.

Nun die Vorder- und Rückseite r-a-r aufeinanderlegen und mit dem Geradstich füßchenbreit die Bodennaht und die Seitennähte schließen. Die Ecken bleiben frei.

Anschließend die Ecken so auseinanderziehen, dass jeweils die Seitennaht und die Bodennaht aufeinanderliegen. Mit Clipsen fixieren und beide Querkanten mit dem Geradstich zusammennähen, dabei gut verriegeln.

Die Innentasche wird mit den Teilen aus Stoff 2 genauso genäht, allerdings wird an der Bodennaht mittig eine Wendeöffnung von 10 cm offen gelassen.

Die Außentasche und die Innentasche nun r-a-r ineinander schieben, die Öffnungen sind oben, die jeweiligen Seitennähte liegen exakt aufeinander. Die oberen Kanten mit Clipsen fixieren.

Ringsherum mit dem Geradstich und 1 cm NZG diese Naht schließen. Den Lunchbag durch die Wendeöffnung wenden, alle Nähte ausstreichen. Die Wendeöffnung mit dem Geradstich schließen.

Die Innentasche in die Außentasche einschieben, die obere Kante im Nahtbruch glattstreichen, mit den Clips fixieren und mit dem Geradstich schmalkantig absteppen.

REISETÄSCHCHEN
FÜR ZAHNBÜRSTE & ZAHNPASTA

Material
Stoff 1: Baumwoll-Webware in Weiß-Rosé mit Blumen, 25 cm x 50 cm
Stoff 2: Baumwoll-Webware in Rosé mit Tupfen, 25 cm x 50 cm
Volumenvlies, H 630, 25 cm x 50 cm
Organzaband, 2 cm breit, 6 cm lang

Größe: 10 cm x 21 cm

Zuschnitt
Stoff 1, Stoff 2 und Volumenvlies: Je 1 Streifen 23 cm x 47 cm

ANLEITUNG

Das Volumenvlies auf die linke Seite des Streifens aus Stoff 2 bügeln.

Das Organzaband der Länge nach mittig falten, von der unteren Kante aus 13 cm messen, das Band so an die linke lange Kante des Streifens aus Stoff 1 legen, dass die Schlaufe nach innen schaut. Mit Geradstich knapp an der Schnittkante festnähen.

Die Streifen aus Stoff 1 und Stoff 2 r-a-r legen, beide kurzen Kanten in einer Breite von 0,75 cm zusammennähen. Nähte bügeln und wenden.

Anschließend die untere kurze Kante r-a-r von unten 18 cm nach oben falten, feststecken und die obere kurze Kante 6 cm nach unten falten, ebenfalls feststecken. Diese liegt dann ca. 3 cm über dem unteren Umschlag.

Beide Seitennähte nun mit einer NZG von 1 cm mit dem Geradstich schließen, anschließend mit Zickzackstich versäubern.

Täschchen wenden, die Ecken mit Hilfe eines dünnen Gegenstandes vorsichtig ausformen.

SCHUHTASCHE

Material
Stoff 1: Baumwoll-Webware in Mint-Weiß, beschichtet, 100 cm x 50 cm
Reißverschluss in Weiß, 35 cm lang
Stoff 2: Baumwoll-Webware in Weiß, 20 cm x 25 cm
Baumwoll-Spitze in Weiß, 1 cm breit, 16 cm lang

Größe: 34 cm x 38 cm

Zuschnitt
Stoff 1: 1x Schuhtasche (Rechteck 95 cm x 40 cm), 1x Henkel (Streifen 48 cm x 8 cm)
Stoff 2: 1x kleine Tasche (Rechteck 15 cm x 22 cm)

ANLEITUNG

Das Rechteck aus Stoff 1 an den kurzen Kanten r-a-r legen. Von einer langen Kante aus (= später die untere Kante der Tasche) mit einer NZG von 2 cm eine Strecke von 3 cm Länge zusammennähen.

Die Schnittkanten der restlichen Strecke der kurzen Kanten ab der Naht fortlaufend jeweils 2 cm nach links einschlagen und mit Stecknadeln fixieren.

Den RV öffnen, die erste Hälfte, von der unteren Taschenkante aus so einstecken, dass die Zähnchen des RV rausschauen. Die erste RV-Hälfte mit einer NZG von ca. 4 mm von oben nach unten bis zur geschlossenen Naht einnähen. Hierfür kann der RV-Fuß verwendet werden.

Die zweite Hälfte des RV ebenso einstecken und einnähen. Am Ende, unterhalb des RV eine Quernaht nähen.

Auf beiden Seiten des RV 1,5 cm breit absteppen, dabei die 2 cm breite NZG mitfassen.

Für die kleine, weiße Stofftasche das Quadrat aus Stoff 2 rundum mit einem Zickzackstich versäubern, die obere Kante 2 cm nach links einschlagen, bügeln und mit dem Geradstich absteppen. Die Baumwoll-Spitze mit Stecknadeln an die obere Kante stecken und mit dem Geradstich aufsteppen.

Die drei anderen Kanten ebenfalls 1 cm nach links einschlagen, bügeln und schmalkantig mit dem Geradstich absteppen.

Eine Markierung auf der großen Tasche 6 cm vom unteren Rand und 5 cm vom RV setzen, die kleine Tasche auf diese Markierung setzen, mit Stecknadeln fixieren. RV öffnen, die weiße Tasche mit dem Geradstich aufnähen.

Henkel: Auf der linken Seite des Stoffes exakt mittig der Länge nach mit einem Stift eine Linie aufzeichnen. Jeweils die langen Kanten zur Mitte falten. Mit Clips fixieren. Nun das Band erneut der Länge nach mittig nach innen falten und wieder mit Clips fixieren. Mit dem Geradstich in einem Abstand von 3 mm beide langen Kanten absteppen.

Auf der oberen, vorderen Seite der Tasche vom RV aus, je eine Markierung von 8 cm nach außen setzen. Den Henkel mit den kurzen Kanten an diese Markierungen anlegen, der Henkel schaut dabei in die Tasche hinein, mit Stecknadeln fixieren. Mit dem Geradstich die beiden Enden füßchenbreit annähen.

Tasche auf links wenden und so legen, dass der RV links liegt, gegenüber bildet sich ein Stoffbruch. Diesen Stoffbruch am oberen und unteren Ende mit einem Clip markieren. RV nur halb schließen. Die Tasche so legen, dass der RV exakt in der Mitte der Stoffbahn liegt, rechts und links parallel zum RV ist nun je ein Stoffbruch. Die untere Kante und die obere Kante mit Clipsen fixieren, dabei darauf achten, dass der Henkel nach innen liegt. Mit dem Geradstich beide Kanten füßchenbreit schließen. Dabei darauf achten, dass am oberen Ende des RV die Naht direkt am Ende der RV-Zähnchen läuft. Es wird hier also über den Stoffteil des RV genäht. Diese Stelle 2x übernähen, da sie beim Öffnen und Schließen stets beansprucht wird.

Nun an beiden Stoffbruchseiten (rechts und links der Schuhtasche) sowohl oben als auch unten eine Markierung von 6 cm nach innen setzen. Den Stoff an beiden Seiten um diese 6 cm einschlagen, oben und unten mit Clipsen fixieren und füßchenbreit auf der bereits genähten unteren- bzw. oberen Kante festnähen.

Die Tasche wenden, die Ecken vorsichtig herausformen und fertig ist die Schuhtasche. In das kleine, weiße Täschchen können Schuhputztücher oder auch Ersatzsocken gelegt werden.

SNACKBEUTEL

Material
Stoff 1: Baumwoll-Webware, beschichtet in Grau-Beige, 26 cm x 40 cm
Stoff 2: Baumwoll-Webware in Creme mit Muster, 26 cm x 40 cm
Webetikett „Handmade", 1 cm breit, 7 cm lang

Größe: 22 cm x 15 cm

Zuschnitt
Stoff 1 und Stoff 2: Je 1x Beutelteil (24 cm x 38 cm)

ANLEITUNG

Beide Stoffe r-a-r legen, die kurzen Kanten mit einem Geradstich und einer NZG von 1 cm zusammennähen.

Die Stoffteile r-a-r so schieben, dass die Nähte mittig exakt übereinander liegen. Die eine Hälfte bildet sich aus dem Stoff 1 (= Innenseite), die andere aus Stoff 2 (= Außenseite). NZG auseinanderstreichen.

Das Webband l-a-l der Länge nach mittig falten, an der Außenseitenhälfte von der Nahtlinie nach unten 11 cm messen und das Band so zwischen die Lagen legen, dass die Schlaufe nach innen zeigt. Parallel zur Schnittkante das Webband mit wenigen Stichen festnähen.

Beide langen Kanten mit Stecknadeln fixieren, die eine Kante mit dem Geradstich komplett zusammennähen, bei der anderen Kante bei der Innenseite mittig eine Wendeöffnung von ca. 7 cm offen lassen.

Tasche wenden, die Ecken ausformen. Die NZG der Wendeöffnung nach innen einschlagen, mit Clipsen fixieren und mit dem Geradstich knappkantig schließen.

Die Innenseite des Beutels nun l-a-l in die Außenseite stülpen, anschließend den oberen Rand (= die Eingrifföffnung) 4 cm nach unten umschlagen.

Mit Clipsen die nun doppelt liegenden seitlichen Kanten fixieren. Nun mit dem Geradstich in einem Abstand von 1 cm diesen Umschlag parallel zur Außennaht vorsichtig feststeppen.

Zum Befüllen die eine Seite des Umschlages nach hinten stülpen, somit bekommt der Snackbeutel auch einen besseren Halt während der Verwendung.

Für den Transport den Umschlag wieder nach vorne kippen, so ist der Snackbeutel geschlossen und es kann nichts herausfallen.

WETBAG

Material
Baumwoll-Webware in Grau-Blau, beschichtet, 75 cm x 25 cm
Reißverschluss in Blau, 18 cm lang · vorgefalztes Baumwoll-Schrägband in Blau, 1 cm breit, 22 cm lang
Webetikett, 2 cm breit, 7 cm lang

Größe: 20 cm x 29 cm

Zuschnitt
1x Streifen (70 cm x 22 cm)

ANLEITUNG

Den Stoffstreifen an den kurzen Kanten r-a-r legen. Die kurzen Kanten, mit 2 cm NZG, von rechts nach links 3 cm weit mit Geradstich zusammennähen.

Die restliche Strecke der kurzen Kanten fortlaufend 2 cm nach links einschlagen, mit Clipsen oder Stecknadeln fixieren.

Den RV öffnen, die erste Hälfte so an die vorbereitete Kante stecken, dass die Zähnchen des RV rausschauen. Die erste RV-Hälfte mit einer Nahtbreite von ca. 4 mm einnähen.

Die 2. Hälfte des RV ebenso einstecken und einnähen.

Das Webetikett mittig, ca. 2 cm unterhalb des RV fixieren, rundum mit einem Geradstich aufnähen.

Beutel nach links wenden und so legen, dass die obere Umbruchkante bis zum RV ca. 6 cm misst. Die Seitenkanten mit Clipsen fixieren.

Schlaufe nähen: Das Schrägband der Länge nach mittig falten, mit einem Geradstich schmalkantig absteppen. Das Band zur Hälfte falten, 0,5 cm unterhalb der oberen Umbruchkante so zwischen die Lagen schieben, dass die Schlaufe nach innen schaut.

Beide Seitenkanten mit einer NZG von 1 cm zunähen.

Für die Bodentiefe die untere Umbruchkante nun 2 cm nach oben zwischen die Lagen schieben, und jeweils in den beiden Seitennähten festnähen.

Den Beutel auf rechts wenden, die Bodenecken ausformen - fertig ist der Wetbag.

Dir zur Freude

HAUSHALT & PRAKTISCHES

BODENWISCHER AUFSATZ

Material
Baumwoll-Frottee in Dunkelgrau, 40 cm x 35 cm
Klettverschlussband in Schwarz, 1,5 cm breit, 12 cm lang

Größe: 25 cm x 34 cm (in unserem Beispiel)

Zuschnitt
1x Rechteck (37 cm x 33 cm)
Für andere Wischmopgrößen die Fläche des Wischmops ausmessen, an den langen Kanten je 8 cm für den Umschlag plus 1,5 cm für den Saum und an den kurzen Kanten je 4 cm für die Säume hinzufügen.

ANLEITUNG

Die beiden langen Kanten des Frotteestoffes mit einem dichten Zickzackstich versäubern, die Kanten jeweils 1,5 cm nach links schlagen, mit Stecknadeln fixieren und mit Geradstich und einer NZG von 1 cm absteppen.

Die beiden kurzen Kanten jeweils 2 cm einschlagen, feststecken, dann 2 cm umschlagen und erneut stecken. Bei Bedarf heften. Mit dem Geradstich in einer Breite von 1,5 cm beide Umschläge absteppen.

Klettband annähen: Das Flauschband wird an einer langen Kante auf die Oberseite des Umschlages genäht, der beim Schließen darunter liegt, das Hakenklettband wird auf die Unterseite des Umschlages genäht, der beim Schließen obenauf liegt.

Hierzu jeweils von der Außenkante 3 cm nach innen messen, die jeweiligen Klettbandstücke rundum mit dem Geradstich aufnähen.

Den Aufsatz um den Wischmop legen, mit dem Klettverschluss schließen.

TIPP

Für den Putzhandschuh eignen sich viele Materialien, wie z. B. Frotteestoff, Musselin, Plüschstoff – wichtig ist, es müssen weiche Stoffe sein, die gut waschbar sind.

PUTZHANDSCHUH

Material
Stoff 1: Teddystoff / Vliesstoff, 75 cm x 28 cm
Stoff 2: Bündchenware, 25 cm x 15 cm
Webband, 2 cm breit, 8 cm lang

Größe: 30 cm x 16 cm, bzw. nach eigenem Maß der Hand

Zuschnitt
Stoff 1: 2x Schnittteil Putzhandschuh, 2x Schnittteil Putzhandschuh gegengleich; als NZG rundum 1 cm hinzufügen
Stoff 2: 1x Bündchen (Rechteck 20 cm x 12 cm, inkl. 1 cm NZG)
Für eine Größenalternative: Die Kontur der Hand auf ein Papier abzeichnen, eine Weitenzugabe von 2,5 cm rundum anzeichnen, Schnittvorlage ausschneiden.

ANLEITUNG

Zwei gegengleiche Schnittteile r-a-r legen, obenauf und darunter je noch ein weiteres Schnittteil r-a-l legen. Die Lagen stecken und – bis auf die Eingriffkante – mit 1 cm NZG mit dem Geradstich zusammennähen.

Die enge Rundung im Daumenbereich bis knapp an die Naht vorsichtig einknipsen. Die NZG mit einem großzügigen Zickzackstich versäubern, Putzhandschuh wenden, ausbügeln.

Das Webband der Länge nach mittig falten, die rechte Seite ist außen. Dies nun an eine kurze Kante des Bündchenstoffes, von der unteren langen Kante 1,5 cm entfernt so anstecken, dass der Bruch nach innen schaut. Beide kurzen Kanten der Bündchenware r-a-r zusammenlegen, feststecken und mit Geradstich 1 cm breit zusammennähen.

NZG auseinanderbügeln. Das Bündchen nun an den langen Kanten l-a-l falten, die rechte Seite bleibt außen.

Jetzt das Bündchen r-a-r an der Eingriffkante über den Putzhandschuh stülpen, die Schnittkanten der Bündchenware und des Putzhandschuhs liegen übereinander. Die Bündchenkante etwas gedehnt, gleichmäßig verteilt feststecken, bei Bedarf heften und mit dem Geradstich 1 cm breit rundum annähen. NZG mit einem Zickzackstich versäubern.

Bündchen nach außen stülpen – fertig ist unser Putzhandschuh.

SCHULHEFT-UMSCHLAG

Material

Modell 1 /DIN A5: Stoff 1: Baumwoll-Webware in Rosé-Grau, 50 cm x 25 cm
Stoff 2: Baumwoll-Webware in Wunschfarbe für innen, 50 cm x 25 cm
Volumenvlies H 630, 50 cm x 25 cm · Kordel in Weiß, ø 4 mm, 30 cm lang
Durchsichtige Folie (oder Wachstuch), 8 cm x 8 cm
Modell 2 /DIN A4: Stoff 1: Baumwoll-Webware in Grau, 70 cm x 35 cm
Stoff 2: Baumwoll-Webware in Wunschfarbe für innen, 70 cm x 35 cm · Kordel in Gelb, ø 4 mm, 40 cm lang
Volumenvlies H 630, 70 cm x 35 cm · Webbband, 1,5 cm breit, 70 cm lang
Durchsichtige Folie (oder Wachstuch), 9 cm x 9 cm

Größe: *DIN A5:* 15 cm x 21 cm · *DIN A4:* 21 cm x 30 cm

Zuschnitt

DIN A5: Stoff 1 und Stoff 2: Je 1x Rechteck (48 cm x 24 cm), Volumenvlies: 1x Rechteck (46 cm x 22 cm)
DIN A4: Stoff 1 und Stoff 2: je 1x Rechteck (68 cm x 33 cm), Volumenvlies: 1x Rechteck (66 cm x 31 cm)

ANLEITUNG

Das Volumenvlies mittig auf die linke Seite des Rechtecks aus Stoff 1 bügeln (Nur beim großen Modell (DIN A4): Nun das Webband auf die rechte Seite des Rechtecks aus Stoff 1 nähen. Dafür im Abstand von 3 cm zur unteren langen Kante eine Linie zeichnen. Das Webband auf diese Linie stecken, bei Bedarf heften und mit dem Geradstich entlang beider langen Kanten schmalkantig aufnähen). Die Mitte der oberen langen Kante des Rechtecks aus Stoff 1 messen, markieren und ein Ende der Kordel an die Kante stecken. Die Kordel zeigt dabei nach innen. Kordel mit dem Geradstich innerhalb der NZG annähen.

Stoff 1 und Stoff 2 r-a-r aufeinanderlegen, mit Stecknadeln die obere und untere Kante fixieren und mit einer NZG von 1 cm diese beiden Kanten zusammennähen. NZG versäubern. Stoffteile l-a-l wenden, Nähte ausbügeln.

Die kurzen Kanten mit einem Zickzackstich versäubern, 1 cm nach innen einschlagen, fixieren und mit dem Geradstich 0,7 cm breit abnähen.

Diese Umschläge nun nach innen einschlagen (DIN A5 Heft: 9 cm, DIN A4 Heft: 11 cm) und an den oberen und unteren Kanten mit Stecknadeln knappkantig feststecken. Die Hefte jeweils einschieben und nachmessen, gegebenenfalls justieren.

An der Vorderseite der Hülle den Platz für das „Fenster" bestimmen. In unserem kleinen Modell (DIN A5) von oben 9 cm, von der rechten Außenkante 3,5 cm markieren. In dem großen Modell (DIN A4) von oben 11 cm, von der rechten Außenkante 6,5 cm markieren. Heft entnehmen, Umschlagbreite markieren und die Umschläge nochmals auffalten.

Die Folie mittig falten, die Umbruchkante mit einem Geradstich schmalkantig absteppen, beide kurzen Kanten und die untere lange Kante mit einem schmalen Zickzackstich umnähen. Anschließend die Folie jeweils an der markierten Stelle platzieren, mit Stecknadeln fixieren und jeweils beide kurzen Kanten und die untere lange Kante mit dem Geradstich schmalkantig aufnähen.

Umschläge wieder einlegen und nun mit einem Abstand von 3 mm die obere und die untere Kante mit dem Geradstich absteppen. Nahtanfang und -ende dabei gut vernähen.

Am Kordelende einen Knoten machen.

TIPP

Es kann auch eine Holzperle oder ein Kordelstopper mit eingefädelt werden.

SPÜLSCHWAMM

Material
Stoff 1: Baumwoll-Webware in Blau mit Blümchen, 20 cm x 22 cm
Stoff 2: Jutestoff, 20 cm x 22 cm
Stoff 3: Frottee, 20 cm x 22 cm
Baumwoll-Schrägband in Rosé, 2,5 cm breit, 11 cm lang
Baumwoll-Webband oder Webetikett, 3 cm breit, 5,5 cm lang

Größe: 16 cm x 18 cm

Zuschnitt
Stoff 1, Stoff 2 und Stoff 3: Je 1x Rechteck (18 cm x 20 cm)

ANLEITUNG

Da die Jute sehr stark franst, ist es wichtig, sie direkt nach dem Zuschnitt ringsum mit einem breiten Zickzackstich zu versäubern.

Das Rechteck aus Stoff 2 an den kurzen Kanten l-a-l zur Hälfte falten, auf die rechte Seite des Rechtecks aus Stoff 1 so legen, dass die Bruchkante auf der Mitte des Teiles liegt. Mit Stecknadeln fixieren. Die eine Hälfte des Stoffes 1 ist somit bedeckt, die andere Hälfte ist sichtbar.

Mit Geradstich Stoff 2 ringsum auf den Stoff 1 mit einer NZG von 0,5 cm aufnähen.

Das Webband oder das Webetikett auf die Frotteeseite platzieren, hierfür von der oberen kurzen Kante aus 2 cm messen, das Band mittig platzieren, feststecken und mit Geradstich rundum aufnähen.

Das Schrägband der Lange nach mittig falten, mit Geradstich schmalkantig absteppen. Als Schlaufe falten und in der oberen Ecke des Frotteestoffes so platzieren, dass die Schlaufe nach innen schaut. Mit ein paar Geradstichen innerhalb der NZG festnähen.

Nun Stoff 3 r-a-r auf das Teil aus Stoff 1 und 2 legen, rundum mit Stecknadeln fixieren, am unteren Rand dabei eine Wendeöffnung von 8 cm markieren. Mit einer NZG von 1 cm die Lagen, von und bis Wendeöffnung zusammennähen. Die NZG an den Ecken diagonal zurückschneiden.

Anschließend das Teil wenden, die Ecken und Nähte mit Hilfe eines dünnen Gegenstandes ausformen, Wendeöffnung mit Nadeln schließen und den ganzen Schwamm an den Außenkanten schmalkantig mit dem Geradstich absteppen.

STAUBWEDEL AUFSATZ

Material

Baumwoll-Webware (Musselin oder Flanell) mit körniger Oberfläche in Grün, 120 cm x 16 cm

Größe: 15 cm x 16 cm

Zuschnitt

Je 2x Rechteck (8 cm x 16 cm), (9 cm x 16 cm), (11 cm x 16 cm), (13 cm x 16 cm) und (15 cm x 16 cm)

ANLEITUNG

Die beiden größten Schnittteile l-a-l legen, mit Stecknadeln fixieren. Für den Tunnel der Staubwedelgabel die Mitte der 15 cm Strecke messen und mit einem Stoffmarkierer und einem Lineal diese Linie von der oberen zur unteren kurzen Kante anzeichnen. Parallel dazu in einem Abstand von jeweils 2,2 cm (dies ist von der Breite der Staubwedelgabel abhängig) einmal links und rechts der Mittellinie eine Linie anzeichnen. Den Staubwedel zur Kontrolle auf die Mitte legen und prüfen, ob er in diesen Tunnel passen würde.

Mit dem Geradstich die beiden Linien absteppen, Nahtanfang und -ende gut vernähen.

Den Staubwedel zur Kontrolle einschieben. Wenn er passt, diesen wieder entnehmen.

Alle restlichen zugeschnittenen Teile der Länge nach mittig falten und die Mitte jeweils anzeichnen. Nun den nächstkleineren Zuschnitt (13 cm x 16 cm) mit der linken Seite von rechts auf das vorgenähte Teil legen. Anschließend je eins aller weiteren Teile, der Größe nach immer kleiner werdend, stets mit der linken Seite auf die rechte Seite stapeln, dabei immer genau mittig auflegen. Es liegen nun vier Teile auf dem unteren, größten. Mit Stecknadeln fixieren.

Den ganzen Stapel wenden und auf der Rückseite die andern vier Teile, ebenfalls von groß nach klein, genau mittig übereinanderlegen. Auch hier mit Stecknadeln fixieren.

Nun mit Geradstich alle Teile genau über die Mittelline zusammennähen, dabei den Nahtanfang und das -ende gut vernähen.

Jetzt die oberen vier Lagen sowohl links als auch rechts mit der Zackenschere in 1 cm breite Streifen bis knapp an die Naht einschneiden. Teil wenden und die unteren Lagen ebenso einschneiden.

Zum Schluss das innen liegende Teil mit dem Tunnel ebenfalls bis an die Tunnelnaht in 1 cm breite Streifen schneiden.

Nun die Staubwedelgabel in den Tunnel einschieben.

BESONDERE ANLÄSSE

GESCHENK-ANHÄNGER

Material

Baumwoll-Webware in Blau (Stern), 28 cm x 14 cm · Volumenvlies H 630, 14 cm x 14 cm · Baumwoll-Webware in Blau mit Blumen-Muster (Herz), 20 cm x 10 cm · Baumwoll-Webware in Creme (Herz), 22 cm x 12 cm · Baumwoll-Webware in Beige (Etikett), 15 cm x 15 cm · Kordel in Creme, ø 1 mm, 20 cm lang · Zierborte in Natur, ø 4 mm, 20 cm lang · Satinband, 1 cm breit, 50 cm lang · Bommelborte in Weiß, 1 cm breit, 11 cm lang · Zierknopf in Blau, Paillette in Blau · Herzanhänger in Silber, Perle in Silber Kordel in Creme, ø 2 mm, 25 cm lang · 4 Perlen in Creme, Sticker (in unserem Beispiel Hirsch) in Creme Füllwatte (oder Watte) für die Herzen

Größe: *Stern:* 12 cm x 12 cm · *Großes Herz:* 7 cm x 7 cm · *Kleines Herz:* 5 cm x 5 cm *Etikett:* 10 cm x 3,5 cm · *Fisch:* 13 cm x 11 cm

Zuschnitt

Stoffe, wie angegeben: pro Geschenkanhänger das Schnittteil 2x (Schnitteile sind inkl. NZG)
Volumenvlies: 1x Stern

ANLEITUNG

STERN

Das Volumenvlies auf die linke Seite eines Stoffsternes bügeln. Beide Zuschnitte l-a-l legen und rundum mit Stecknadeln fixieren 15 cm Satinband der Länge nach mittig falten, an der oberen Sternspitze zwischen die beiden Stofflagen ca. 1 cm schieben und feststecken. Mit dem Geradstich in einem Abstand von 0,3 cm den Stern rundum zusammennähen. Den Stoffüberstand mit einer Zackenschere beschneiden. Zierknopf von Hand in die Sternmitte nähen.

FISCH

Den Fisch analog zum Stern arbeiten (ohne Volumenvlies), dabei den Aufhänger in der Rückenmitte positionieren. Die Paillette als Auge aufnähen.

HERZEN

15 cm Satinband der Länge nach mittig falten, an einem kleinen Herzteil an der Herzvertiefung von rechts so anstecken, dass die kurze Kante mit der Schnittkante abschließt und die Schlaufe nach innen schaut. Diese mittig des Herzens feststecken, sodass sie nicht mit in die Naht eingenäht werden kann. Die beiden Zuschnitte r-a-r legen, mit Stecknadeln fixieren. Das Herz rundum mit Geradstich schmalkantig absteppen, die Wendeöffnung dabei offen lassen. Herz wenden und ausformen. Mit Watte oder Füllwatte füllen, die Wendeöffnung von Hand zunähen. Auf einen doppelten Faden den Herzanhänger und die Perle auffädeln, von Hand an die Herzspitze nähen. Das große Herz analog zum kleine Herz arbeiten, hier die dünne Kordel für den Aufhänger nehmen. Vor dem Befüllen die Kordel von Hand rundum an die Außenkante nähen. Perlen und den Sticker von Hand aufnähen.

ETIKETT

Die Zierborte der Länge nach mittig falten, an die obere Mitte mit den kurzen Kanten von rechts kantenbündig auf einen Zuschnitt legen und feststecken. Die beiden Zuschnitte r-a-r legen, mit Stecknadeln fixieren und rundum mit Geradstich mit 1 cm NZG zusammennähen. Die Wendeöffnung dabei offen lassen. Teil wenden und bügeln. Die Wendeöffnung von Hand zunähen oder mit dem Geradstich schmalkantig absteppen. Die Bommelborte an der linken langen Kante aufnähen.

GESCHENKTASCHE

Material
Stoff 1: Baumwoll-Webware in Petrol mit Blumenmuster, 44 cm x 35 cm
Stoff 2: Leinenstoff in Beige, 15 cm x 35 cm · Zackenlitze in Weiß, 1 cm breit, 35 cm lang
Vlieseline H 250, 35 cm x 42 cm

Größe: 11 cm x 36 cm x 4 cm

Zuschnitt
Bei allen Teilen als NZG rundum 1 cm hinzufügen.
Stoff 1: 2x oberes Teil 2x Besatz
Stoff 2: 2x unteres Teil

ANLEITUNG

Die oberen Teile jeweils an der Ansatzkante r-a-r auf die unteren Teile legen, mit Stecknadeln fixieren und mit einer NZG von 1 cm annähen. Naht ausbügeln. Die Zackenlitze von der rechten Seite direkt unterhalb der Steppnaht mit Stecknadeln fixieren, mittig mit dem Geradstich übersteppen. Vlieseline in passender Größe zuschneiden auf die linke Seite beider Teile bügeln.

Den Besatz für den Tascheneingriff jeweils r-a-r an die obere Kante beider oberen Teile aus Stoff 1 legen, den Eingriff mit einem Lineal einzeichnen und mit dem Geradstich der Linie entlang rundum absteppen. Den Eingriff der Länge nach bis 1 cm vor der Quernaht mittig einschneiden, in die Ecken diagonal bis knapp an die Naht einschneiden. Besatz durch die Öffnung l-a-l wenden, Nähte ausbügeln, mit Stecknadeln fixieren und knappkantig in einem Abstand von 2 mm rundum absteppen.

Die untere Kante des Besatzes 1 cm nach links einschlagen und absteppen. Die obere Kante des Besatzes ebenfalls 1 cm nach innen einschlagen, umbügeln und mit Stecknadeln fixieren. Die obere Kante des Stoffes ebenfalls 1 cm nach innen einschlagen, bügeln. Die Bruchkanten aufeinaderlegen, mit Stecknadeln fixieren und schmalkantig absteppen.

Vorder- und Rückteil der Flaschenhülle r-a-r legen, beide Seitenkanten und die Bodenkanten mit Stecknadeln fixieren und mit dem Geradstich und einer NZG von 1 cm zusammennähen. NZG mit einem Zickzackstich versäubern.

Den Boden wie folgt nähen: Die Vorder- und Rückseite nun so auseinanderziehen, dass jeweils die Bodennaht und die Seitennaht übereinander liegen. Somit bildet sich an den Ecken eine Querkante. Diese kurzen Kanten stecken und mit dem Geradstich zusammennähen. Geschenktasche wenden und ausbügeln.

GRÖSSENVARIANTE

Die Höhe der Tasche lässt sich individuell anpassen. Dafür das obere Schnittteil wie benötigt verlängern. Falls nur ein Stoff verwendet wird, das untere Schnittteil kantenbündig an die untere Kante des oberen Schnittteils kleben. Nach Wunsch, wie im Beispiel gezeigt, die Hülle mit Webbändern verzieren. Dafür die Bänder vor dem Zusammennähen der Vorder- und Rückseite aufnähen.

GESCHENKTÜTE & GESCHENKTASCHE

Material
Modell 1/Geschenktasche: Baumwoll-Leinen-Mischgewebe, 70 cm x 25 cm
Baumwollspitze, 4,5 cm breit, 20 cm lang
Vlieseline H 250, 45 cm x 25 cm
Modell 2/Geschenktüte: Baumwoll-Leinen-Mischgewebe, 50 cm x 25 cm
Webband, 2 cm breit, 22 cm lang
Vlieseline H 250, 50 cm x 25 cm

Größe: *Modell 1:* 13,5 cm x 18,5 cm x 4 cm · *Modell 2:* 20 cm x 16 cm x 4 cm

Zuschnitt
Modell 1: Stoff: 2x Schnittteil Geschenktasche, als NZG rundum 1 cm hinzufügen
2x Henkel (24 cm x 5 cm, inkl. 1 cm NZG)
Vlieseline: 2x Schnittteil Geschenktasche, als NZG rundum 1 cm hinzufügen
Modell 2: Stoff und Vlieseline: Je 2x Schnittteil Geschenktüte,
als NZG rundum 1 cm hinzufügen

ANLEITUNG

MODELL 1

Die Vlieseline auf die Rückseite der jeweiligen Zuschnitte bügeln. Die Baumwoll-Spitze in einem Abstand von 9 cm zu der oberen Kante auf die rechte Seite eines Zuschnittes aufstecken, mit einem Geradstich an der geraden Kante die Spitze aufnähen.

MODELL 2

Die Vlieseline auf die Rückseite der jeweiligen Zuschnitte bügeln. Das Webband in einem Abstand von 6 cm zu der oberen Kante auf die rechte Seite eines Zuschnittes aufstecken, mit einem Geradstich knappkantig an beiden langen Kanten das Band aufnähen.

HERZENSENGEL

ENKTÜTE &

NKTASCHE

BEIDE MODELLE

Vorderen und rückwärtigen Stoffzuschnitt r-a-r legen, mit Stecknadeln fixieren.

Die Seitennähte und die Bodennaht nähen, NZG mit einem Zickzackstich versäubern.

Den Boden wie folgt nähen: Vorder- und Rückseite nun so auseinanderziehen, dass jeweils die Bodennaht und die Seitennaht übereinander liegen. Somit bildet sich an den Ecken eine Querkante. Diese kurzen Kanten stecken und mit dem Geradstich zusammennähen.

Beutelteil auf rechts wenden, Ecken ausformen.

Nun die obere Kante mit einem engen Zickzackstich versäubern, die Kante 3 cm nach innen schlagen, feststecken, bei Bedarf heften.

Mit Geradstich ab Umbruchkante 2,5 cm breit absteppen.

MODELL 1

Henkel: Die beiden Stoffstreifen jeweils der Länge nach mittig falten, leicht anbügeln. Wieder aufschlagen und von jeder Seite 2,4 cm einschlagen und erneut bügeln, danach mittig falten und zusammenbügeln. Nun die langen Kanten mit dem Geradstich schmalkantig absteppen. Die kurzen Kanten mit einem engen Zickzackstich versäubern.

Von den beiden Seitennähten gemessen 3 cm nach innen gehen, die Henkel mit den kurzen Kanten auf der Innenseite 3 cm weit auf den Umschlag stecken, mit einem Geradstich sowohl an der Steppnaht des Umbruches als auch an der oberen Kante festnähen.

GESCHENK-VERPACKUNG

Material
Stoff 1: Baumwoll-Webware in Weiß mit Zweigmuster, 43 cm x 43 cm · Zackenlitze in Weiß, 135 cm lang
Stoff 2: Baumwoll-Webware in Altrosé mit Tupfen, 30 cm x 30 cm
Stoff: 3 Baumwoll-Webware oder Batiststoff in Weiß, 30 cm x 30 cm
Baumwoll-Spitze, 1,5 cm breit, 95 cm lang · Zackenlitze in Weiß, 95 cm lang
Satinband in Weiß, 0,7 cm breit, 300 cm lang

Größe: Beliebig, je nach Geschenkgröße
In unseren Beispielen: ø 42 cm (Groß), ø 29 cm (Klein)

Zuschnitt
Auf die linke Stoffseite die Kreise in der gewünschten Größe aufzeichnen.
Es kann dabei ein Teller, eine runde Schüssel oder ein Zirkel zu Hilfe genommen werden.
Stoff 1: 1x Kreis ø 42 cm · Stoff 2 und Stoff 3: je 1x Kreis ø 29 cm

ANLEITUNG

Die Außenkante mit einem Zickzackstich oder einer Overlockmaschine rundum versäubern.

Mit Stecknadeln oder Clipsen die Zackenlitze bzw. die Baumwoll-Spitze rundum an die versäuberte Kante des Kreises stecken, und mit einem schmalen Zickzackstich schmalkantig aufsteppen.

Von dem Satinband 100 cm abschneiden und die Mitte markieren. Das Band an einer beliebigen Stelle des Kreises, 3,5 cm von der Außenkante, mit der markierten Mitte anstecken, mit dem Geradstich quer über die Bandbreite (0,7 cm) mit ein paar Stichen festnähen.

Jetzt das Geschenk darin platzieren, die Außenkanten hochklappen und die Verpackung zubinden.

TIPP

Nach dem Verschenken kann die Geschenkverpackung auch als Platzdeckchen oder Tischdeko verwendet werden.

GESCHENKTOPPER

Material

Stoff 1: Baumwoll-Webware in Beige mit Blüten, 95 cm x 35 cm
Stoff 2: Baumwoll-Webware in Flieder 95 cm x 35 cm
Stoff 3: Baumwoll-Webware in Grün, 75 cm x 20 cm

Größe: ø 11 cm, 5 cm hoch (Klein) · ø 13 cm, 7 cm hoch (Mittel) · ø 16 cm, 8,55 cm hoch (Groß)

Zuschnitt

An allen Teilen 1 cm Nahtzugabe hinzufügen.
Stoffe 1 und 2: je 1x Rosenblüte klein, im Stoffbruch · je 1x Rosenblüte mittel, im Stoffbruch
je 1x Rosenblüte groß, im Stoffbruch
Stoff 3: 2x Blatt klein · 2x Blatt mittel · 2x Blatt groß

ANLEITUNG

Die Zuschnittteile der Blätter jeweils r-a-r legen, mit Stecknadeln fixieren und rundum mit dem Geradstich zusammennähen. An einer Seite eine Wendeöffnung lt. Schnittvorlage offen lassen. Nahtzugaben auf 5 mm zurückschneiden, in den Vertiefungen bis knapp vor die Naht einschneiden.

Blätter wenden, die Nähte, Ecken und Spitzen mit einem Kantenformer oder einem ähnlichen dünnen Gegenstand ausformen und ausbügeln. Die Wendeöffnung mit ein paar Handstichen schließen.

Rosenblüten: Je ein Teil aus Stoff 1 und ein gleichgroßes Teil aus Stoff 2 r-a-r legen, rundum zusammenstecken und mit dem Geradstich füßchenbreit zusammennähen. Die Wendeöffnung an der unteren Seite dabei offen lassen.

Stoffstreifen wenden, Nähte mit einem Kantenformer oder einem ähnlichen dünnen Gegenstand ausformen und ausbügeln. Die Wendeöffnung schließen.

Mit einer Handnähnadel und einem dickeren Faden (doppelt nehmen) beginnend am einem Ende Handstiche in einer Stichlänge von ca. 0,7 cm an der geraden, unteren Kante des Streifens nähen. Der Abstand von der Kante beträgt ca. 3 mm.

Achtung: Dabei nach jeweils 10-12 cm an dem Faden fest ziehen um den Streifen zu raffen. Den Streifen dabei einrollen, somit formt sich die Blüte. So fortfahren, also stets 10-12 cm mit Handstichen nähen, am Fadenende ziehen damit sich der Stoff einkräuselt, den Stoff weiter einrollen. Zwischendurch diese eingerollte Kante mit Handstichen zusammennähen, damit die „Rose“ nicht auseinanderfällt. So fortfahren, bis der Streifen komplett eingekräuselt, zu einer Blüte geformt und festgenäht ist.

Die Blüten nun auf das jeweilige Blatt mittig legen und mit ein paar Handstichen fixieren.

GRUND-ANLEITUNG & REPARATUR

WICHTIGE MASCHINENSTICHE

GERAD-/STEPPSTICH

Der Gerad- oder Steppstich besteht aus geraden, in gleichen Abständen wiederkehrenden Stichen und ist der **Standardstich** jeder Nähmaschine. Er ist der am häufigsten angewandte Nutzstich. Mit ihm lassen sich **sämtliche Grundnäharbeiten**, wie Nähte, Säume, Falten, Rüschen, Abnäher und vieles mehr, ausführen. Die Stichlänge ist verstellbar, je länger der Stich, desto lockerer wird die Naht. Das Nähen mit dem Geradstich wird häufig auch als „Steppen" bezeichnet. Mit dem Standard- oder Geradstichfuß mit Rundloch kann der Geradstich vorwärts und rückwärts genäht werden.

• Drei bis vier Rückstiche am Nahtanfang und Nahtende genäht, sichern die Naht. Anstatt „sichern" werden auch die Bezeichnungen „vernähen" oder „verriegeln" verwendet.

• Mit entsprechendem Zierstichfaden und Zwillings-, Drillings- oder Doppelöhrnadel wird aus dem Standardstich ein **dekorativer Top- oder Zierstich**.

• Wird die Stichlänge auf maximal eingestellt und die Oberfadenspannung etwas gelockert, kann mit dem Geradstich **einlagiger Stoff gekräuselt** oder **zwei Stofflagen zusammengeheftet** werden.

• Der Geradstich kann auf allen Stoffarten genäht werden. Er wird auch zum freien Sticken verwendet oder zum Nähen einer **Stütznaht** eingesetzt.

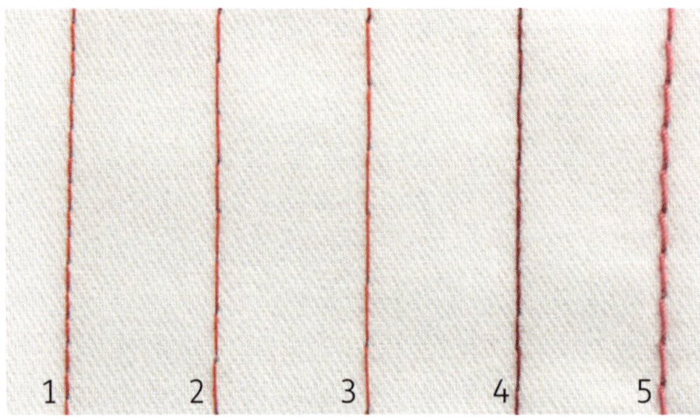

Nähte 1–5: Geradstich
Nähte 1–3: Universalnähfaden, Stichlänge 2,5 mm, 4,5 mm, 6 mm
Naht 4: Zierstichfaden Cotton 30, Stichlänge 3,5 mm
Naht 5: Zierstichfaden/Topstitchfaden, Stichlänge 4 mm

ZICKZACKSTICH

Der Zickzackstich gehört wie der Geradstich zu den **Standardstichen** einer modernen Nähmaschine. Dieser Stich ist variabel, da seine Länge und Breite verstellt werden können, und ist auf allen Stoffarten anwendbar. Mit dem Zickzackfuß kann er vorwärts und rückwärts genäht werden.

Mit dem Zickzackstich werden **Stoffkanten versäubert**, hierbei empfiehlt sich eine Sticheinstellung von 4 mm Länge und Breite.

Ein dicht eingestellter Zickzackstich von 1,5 mm Länge ist **leicht elastisch** und kann zum Nähen von Jersey- und Strickstoffen eingesetzt werden, aber auch **zum Säumen, Sticken und Applizieren**.

Mit breit eingestelltem Zickzackstich können Elastikfäden übernäht werden, um Stoffe zu **kräuseln**.

Mehrere Reihen Zickackstiche nebeneinander in unterschiedlichen Fadenfarben genäht, ergeben hübsche **Zierstichreihen**.

Mit entsprechendem Zierstichfüßen, wie Lochfuß, Kordonierfuß oder 9-Loch-Fuß, können mit dem Zickzackstich **Bänder, Kordeln und dicke Garne auf- und übernäht werden**.

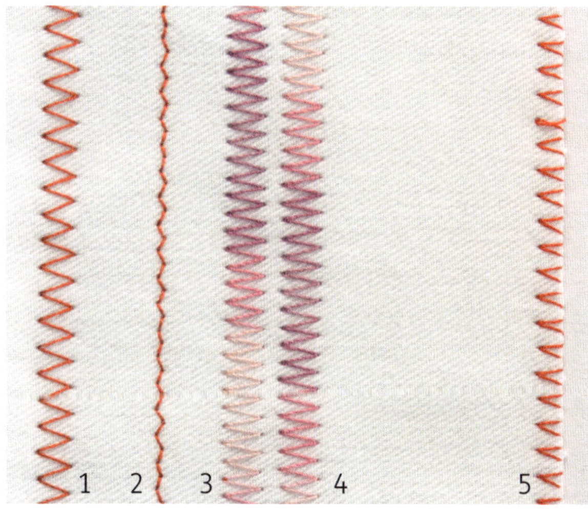

Nähte 1–5: Zickzackstich
Naht 1: Universalnähfaden, Stichlänge 4 mm, Stichbreite 4 mm
Naht 2: Universalnähfaden, Stichlänge 1,5 mm, Stichbreite 1,5 mm
Nähte 3+4: Zierstichfaden Cotton 30, Stichlänge 3,5 mm, Stichbreite 4,5 mm
Naht 5 (Stoffkante):
Zierstich-/Topstitchfaden, Stichlänge 4 mm, Stichbreite 4 mm

STOFFKANTEN VERSÄUBERN

VERSÄUBERN MIT DER ZICKZACKSCHERE

Eine schnelle und einfache Art, Nahtzugaben zu versäubern, ist das Beschneiden der Stoffkanten mit der Zickzackschere. Vor allem **für dünne, weiche Stoffe**, wie z. B. Futtertaft oder Seide, ist diese Methode angebracht, da sich diese Materialien beim Versäubern mit Zickzackstich gerne einrollen und verziehen.

Nach dem Schließen der Naht werden die Nahtzugaben entweder auseinander- oder zu einer Seite hin gebügelt, danach die Kanten der Nahtzugaben mit der Zickzackschere (1) oder einem Rollschneider mit Wellenklinge (2) beschneiden.

VERSÄUBERN MIT ZICKZACKSTICH

Die gängigste und schnellste Methode der Kantenversäuberung mit der Nähmaschine ist das Versäubern mit dem Zickzackstich. Beim Übernähen der Stoffkante darauf achten, dass die Nadel abwechselnd in den Stoff und neben der Stoffkante ins „Leere" sticht. Die Stichlänge und Stichbreite richtet sich nach der Stoffqualität: breite Zickzackstiche für stark fransende Stoffe, schmale Zickzackstiche mit größerer Stichlänge für wenig fransende Stoffe.

Naht schließen, Kanten der Nahtzugaben entweder einzeln oder bei dünneren Stoffen beide Stoffkanten gemeinsam mit Zickzackstich versäubern.

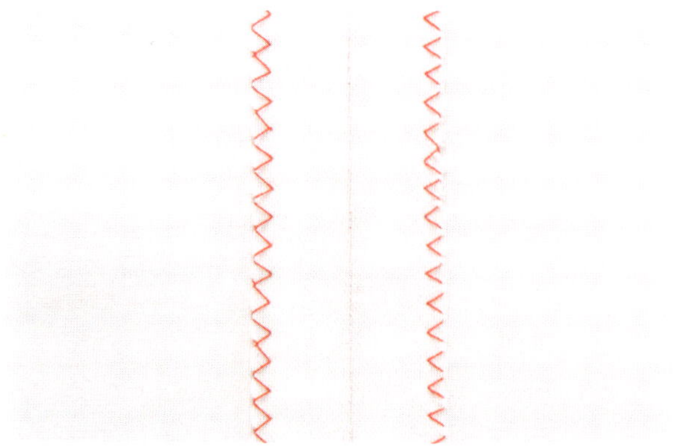

Maschineneinstellung
Stich: Zickzackstich, Stichbreite 2,5–5 mm, Stichlänge 1,5–3,5 mm, Nähfuß: Standardfuß Nadelposition: Mitte, Faden: Universalnähfaden als Ober- und Unterfaden, farblich passend zum Stoff

VERSÄUBERN MIT ZICKZACKSTICH-ABSTEPPUNG

Es wird nach der gleichen Methode wie bei der Geradstich-Absteppung gearbeitet. Die Zickzack-Absteppung eignet sich **für ungefütterte Bekleidung und mittelschwere bis schwere Stoffe**. Den Schlitz oder die Kerbe des Nähfußes an der Stoffkante entlangführen, die Nadel sticht somit abwechselnd links in den Stoff und rechts ins „Leere".

Eine einfache Naht mit 1,5 cm Nahtzugabe arbeiten, Nahtzugaben auseinanderbügeln, die Kanten jeweils 3 mm nach links umfalten und mit Zickzackstich absteppen.

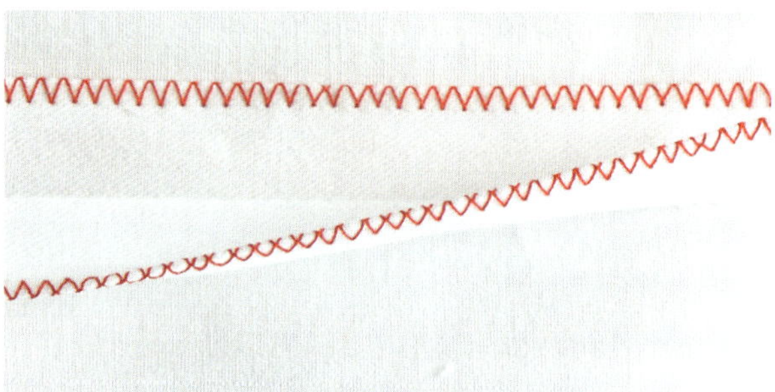

Maschineneinstellung
Stich: Zickzackstich, Stichbreite 3–4 mm, Stichlänge 3–4 mm, Nähfuß: Standardfuß Nadelposition: Mitte, Faden: Universalnähfaden als Ober- und Unterfaden, farblich passend zum Stoff, oder Effektgarn als Oberfaden

ECKEN MIT SCHRÄGBAND EINFASSEN

Einfassungen von geraden Kanten und Ecken ergeben sich manchmal an flachen Nähteilen, wie z. B. Patchworkdecken, Topflappen, Tischsets und Wandbehängen. Eine Ecke mit Schrägband kann auch anstelle einer Briefecke genäht werden.

1 Vorgefalztes Schrägband auffalten, r-a-r kantenbündig auf die Vorderseite legen und bis zur Ecke feststecken, dabei an einer Seitenmitte beginnen und die ersten 2 cm nicht festnähen. Nun den Schrägstreifen füßchenbreit (7,5 mm) festnähen, jedoch eine Füßchenbreite vor der Ecke stoppen und die Naht verriegeln.

2 Teil um 90° nach links drehen, den Schrägstreifen nach oben klappen, dadurch legt sich eine Falte im 45°-Winkel, dann den Streifen wieder nach unten klappen, sodass die Bruchkante mit der oberen Stoffkante bündig ist.

3 Den Streifen an der Kante festnähen, dabei am oberen Rand beginnen, Nahtanfang verriegeln. Den Streifen rundum annähen, an allen anderen drei Ecken genauso verfahren.

4 Zum Schluss den Schrägstreifen kürzen, 1–2 cm nach innen umfalten und unter den Anfang des Schrägstreifens schieben, Ende und Anfang des Streifens festnähen.

5 Schrägstreifen um die Kante herum auf die linke Stoffseite falten und stecken, dabei darauf achten, dass die Ansatznaht verdeckt wird. An den Ecken diagonale Falten formen.

6 Die Blende an der inneren Bruchkante von Hand mit feinen Saumstichen festnähen oder von rechts mit der Maschine feststeppen.

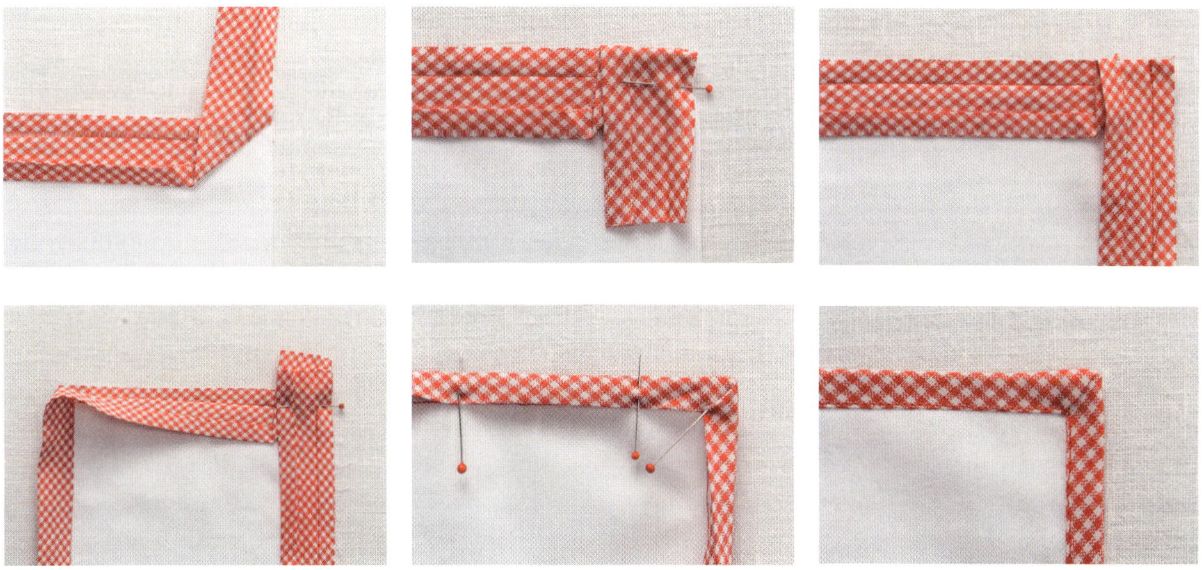

Maschineneinstellung
Stich: Geradstich, Stichlänge 2,5 mm, Nähfuß: Standard- oder Kantenfuß
Faden: Universalnähfaden als Ober- und Unterfaden, farblich passend zum Schrägband

VERSCHLUSSBÄNDER

KLETTBAND

Der Klettverschluss ist **bei übereinanderliegenden Kanten mit Über- und Untertritt** sehr vielseitig einsetzbar und z. B. praktisch für einen verstellbaren Bund. Mehrere kurze Abschnitte können für abnehmbare Teile, wie Kapuzen, verwendet werden.

Das **Flauschband** auf die Innenseite des Übertritts, das **Band mit Widerhaken** auf den Untertritt legen. Da sich das Band nicht so gut stecken lässt, **am besten mit Fixierband in Längsmitte aufkleben.** Die Kanten mit dem Reißverschlussfuß feststeppen. Soll auf der rechten Seite keine Naht zu sehen sein, das obere Band mit Handstichen festnähen.

REISSVERSCHLÜSSE EINNÄHEN

Der Reißverschluss ist neben dem Knopf der meist verbreitete Textilverschluss. Je nach Art, Lage sowie gewünschter Optik des Verschlusses gibt es zum Einnähen verschiedene Methoden. Er kann unauffällig verdeckt eingesetzt werden oder sichtbar als dekoratives Detail.

ALLGEMEINES ZUM REISSVERSCHLUSS

Ein Reißverschluss mit Baumwollband sollte vorgewaschen werden, damit er nach der Wäsche nicht wellig wird. Das Band vor dem Einsetzen sorgfältig glatt bügeln. Bevor man den Reißverschluss einnäht, müssen die offenen Schnittkanten an den Schlitzöffnungen mit einer dem Stoff entsprechenden Methode versäubert werden.

Beim Einnähen muss der Schieber an der oberen Schlitzöffnung etwas unterhalb der Nahtlinie sitzen: bei feinen Stoffen ca. 2 mm, bei dicken Stoffen bis zu 5 mm. Wenn oberhalb des Reißverschlusses ein Bund oder Kragen angesetzt wird, sollte der Schieber ebenfalls 2 mm Abstand zur Nahtlinie haben. Bei dünnen und dehnbaren Stoffen zuerst die linke Seite der Nahtzugaben mit einem Nahtband verstärken oder die Nahtlinie mit einer Stütznaht stabilisieren, der Verschluss lässt sich dann besser einnähen.

Wenn möglich, beim Heften und Nähen der Schlitzkanten immer in der gleichen Richtung arbeiten, am besten von der geschlossenen zur offenen Seite hin, so können später beim Nähen an der geschlossenen Seite keine Falten entstehen. Zum Positionieren des Reißverschlusses einen Textil-Klebestift oder doppelseitig klebendes Fixierband verwenden, das erspart das Feststecken und Heften und hält ihn beim Einnähen glatt. Besonders bei Materialien wie Wachstuch und Leder, in denen Nadelstiche sichtbar bleiben, sollte man diese Methode anwenden.

Bei gebogenen Schlitzöffnungen ist eine Stütznaht im Abstand von ca. 6 mm zur Schnittkante empfehlenswert, um ein Ausdehnen zu vermeiden.

BEIDSEITIG VERDECKTER REISSVERSCHLUSS

Der beidseitig verdeckte Reißverschluss wird von der rechten Stoffseite aus im gleichen Abstand zu den Stoffkanten abgesteppt, Spirale bzw. Zähnchen liegen genau unter den aneinanderstoßenden Verschlusskanten und sind nicht zu sehen. Der Verschluss ist einfach einzunähen und wird z. B. **in rückwärtigen oder vorderen Mitten bei Kleidern und Röcken sowie für Ärmelschlitze** verwendet. Hierfür sind **Reißverschlüsse mit einer Kunststoffspirale** empfehlenswert, da sie biegsamer sind als die mit Zähnchen. Das untere Stopperteil sollte von der Naht verdeckt sein, die Schlitzöffnung hier ca. 3 mm kürzer berechnen.

1 Die Nahtzugaben der Schlitzöffnung entlang der Mittellinie r-a-r bündig aufeinanderstecken und mit der Maschine mit langen Heftstichen schließen. Die Heftnaht im Abstand von ca. 3–4 cm durchschneiden, so lässt sich der Faden später leichter entfernen. Dann die Nahtzugaben auseinanderbügeln.

2 Auf der rechten Seite die Stepplinie vorzeichnen, dazu in ca. 6 mm Abstand beidseitig der Heftnaht parallel eine Linie ziehen (je nach Spiralbreite mehr Abstand) und diese am unteren Schlitzende durch eine Querlinie verbinden.

3 Fixierband entlang der Längskanten auf die rechte Seite des Reißverschlusses kleben, dann die Schutzfolie abziehen.

4 Den geschlossenen Reißverschluss mit der rechten Seite nach unten so auf die Nahtzugaben kleben, dass Spirale und Heftnaht genau übereinanderliegen, den Schiebergriff nach oben legen.

5 Bei einem geringen Abstand zwischen Spirale und Steppnaht kann es notwendig sein, die Heftnaht zunächst oben ca. 5 cm zu öffnen, damit beim Nähen der Schieber beiseite geschoben werden kann. Von der rechten Stoffseite her die linke Seite des Reißverschlusses steppen, dazu den Reißverschlussfuß links der Nadel einsetzen, sodass die Nadel rechts vom Fuß einsticht. Am unteren Schlitzende an der Naht beginnend 2–3 Stiche für die kurze Quernaht steppen. Den Stoff um 90° drehen, dabei die Nadel im Stoff belassen, dann entlang der Markierung bis nach oben steppen. Kurz vor dem Ende den Reißverschluss ein Stück öffnen, dafür den Nähfuß kurz anheben, die Nadel jedoch im Stoff belassen, dann fertignähen.

6 Den Reißverschlussfuß rechts der Nadel einsetzen. Im gleichen Abstand zur Schlitzkante die andere Reißverschlussseite bis oben einnähen. Den Heftfaden entfernen.

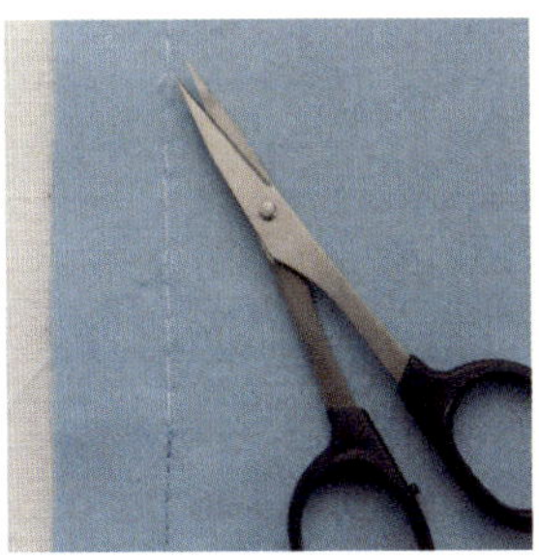
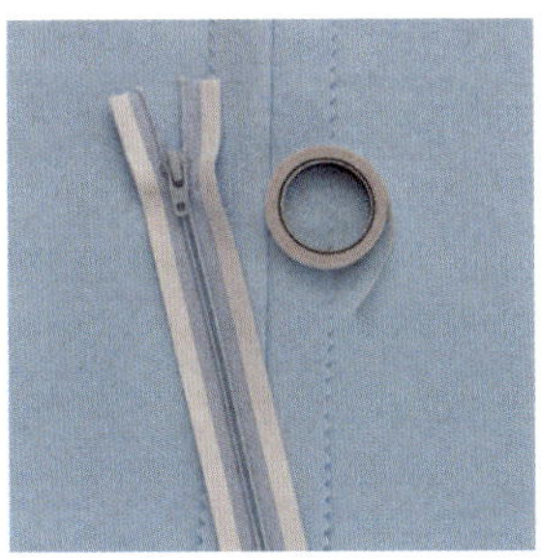

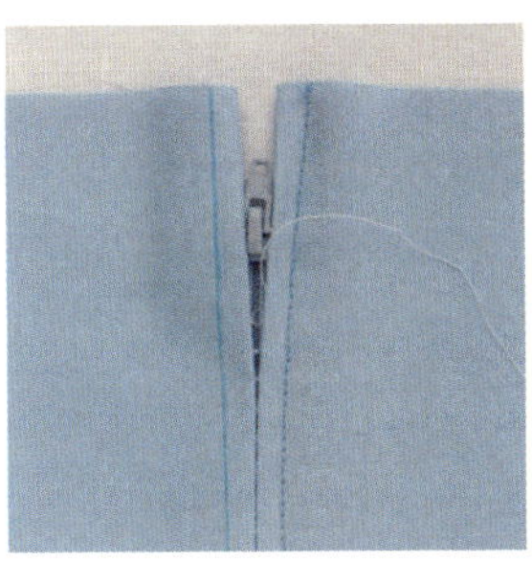
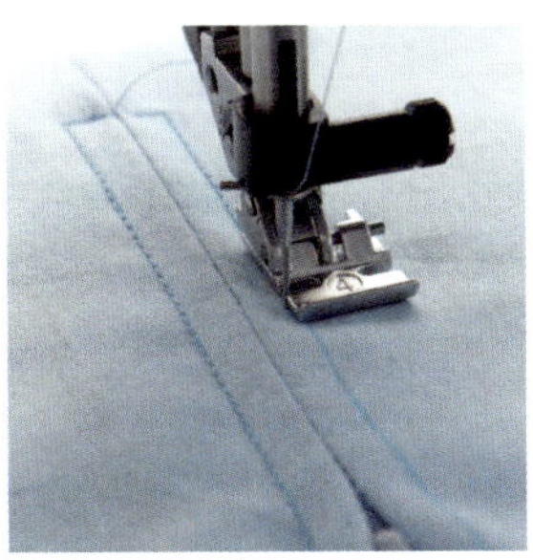

REPARIEREN MIT DER NÄHMASCHINE

Stopfen und flicken sind nicht jedermanns Lieblingsbeschäftigung. Aber wer kennt nicht die ärgerlichen kleinen Löcher oder Risse in der Kleidung, durchgescheuerten Stoff in der Lieblingsjeans, einen defekten Reißverschluss, ein Loch im Hosenbein oder Mottenlöcher im Pullover, aufgetrennte Nähte oder ausgerissene Säume? Der Gang zur Änderungsschneiderei ist mitunter recht kostspielig und braucht Zeit, es kann sich deshalb lohnen, mit etwas Fantasie die eine oder andere Reparatur selbst durchzuführen.

HILFSMITTEL ZUM FLICKEN UND STOPFEN

Geflickte und gestopfte Jeans sind hip und im Trend. Designer-Jeans mit gewollten Flickeinsätzen, ausgefransten Löchern oder mit bewusst krumm aufgebrachten Applikationen sind überall zu kaufen.

Die unterschiedlichsten Materialien, Hilfsmittel und Techniken können angewendet werden, um Kleidung auszubessern. Hilfreich sind dabei **nicht mehr gebrauchte Kleidungsstücke**, die noch als Flick- oder Applikationsstoffe Verwendung finden. **Weitere Hilfsmittel** sind Sprühzeitkleber, Stopfpulver, Textilkleber, Textilband zum Aufbügeln, doppelseitiges Klebevlies, aufbügelbares Vlies, bi-elastisches aufbügelbares Vlies, Applikationen zum Aufbügeln oder Aufnähen, Flicken zum Aufbügeln.

KLEIDUNG REPARIEREN

Risse oder Löcher in Jeans und Jacken können auf verschiedene Arten repariert werden. Bei Kinderhosen ist das Loch mit einer **aufgenähten Applikation** schnell und einfach geflickt, und lustig sieht es auch noch aus. Soll die Schadstelle **unsichtbar repariert** werden, so wird mit passendem Nähgarn und in freier Nähtechnik oder mit dem Stopfstich der Nähmaschine gearbeitet, will man das Loch eher **dezent betonen**, dann kann ein farblich passender und vielleicht vom Muster abweichender Stoff verwendet werden.

Grundsätzlich gilt, dass die Schadstelle **vor dem Reparieren mit ähnlichem Stoff, Gewebeeinlage oder fester Vlieseline verstärkt** werden muss. Bei feinen Stoffen verwendet man Stick- und Stopfgarn, Flicken unterbügelt man am besten mit beidseitig klebendem Vlies, so können sie während des Applizierens nicht verrutschen.

EIN LOCH MITHILFE EINER APPLIKATION AUSBESSERN

Diese Technik ist bei den meisten gewebten, festen Stoffen anwendbar. Zusätzliches Annähen mit der Nähmaschine oder von Hand erhöht die Lebensdauer der Applikation.

1 An der Schadstelle eventuell abstehende Fransen und Gewebefäden abschneiden.

2 Um den Stoff an der Schadstelle zu verstärken Aufbügelvlies auf die Stoffrückseite nach Anweisung des Herstellers aufbügeln.

3 Applikation ca. 1 cm größer als die Schadstelle wählen, damit diese gut überdeckt wird. Wenn die Applikation nicht aufbügelbar ist, die Applikation mithilfe von beidseitig klebendem Haftvlies auf die Schadstelle bügeln, dafür das Vlies auf die Rückseite bügeln, Trägerpapier abziehen und die Applikation mit der Klebeschicht auf die Schadstelle bügeln, auskühlen lassen. Alternativ die Applikation mit einem Textilkleber aufkleben.

RISS MIT UNTERLEGTEM STOFF FLICKEN

1 Flickenstoff ca. 3–4 cm größer als die Schadstelle zuschneiden. Flickenstoff feststecken oder auf die Rückseite des Flickenstoffs beidseitig klebendes Haftvlies bügeln, Trägerpapier abziehen und Stoff mit der Klebeschicht über die Schadstelle auf die Rückseite des Kleidungsstückes bügeln, auskühlen lassen.

2 Auf der Vorderseite mit Geradstich, Zickzackstich oder elastischem Zickzackstich in 2 mm Abständen vorwärts und rückwärts über die Schadstelle nähen, dabei in unregelmäßigen Abständen über die Schadstelle hinaus nähen, um den Flicken optimal zu befestigen.

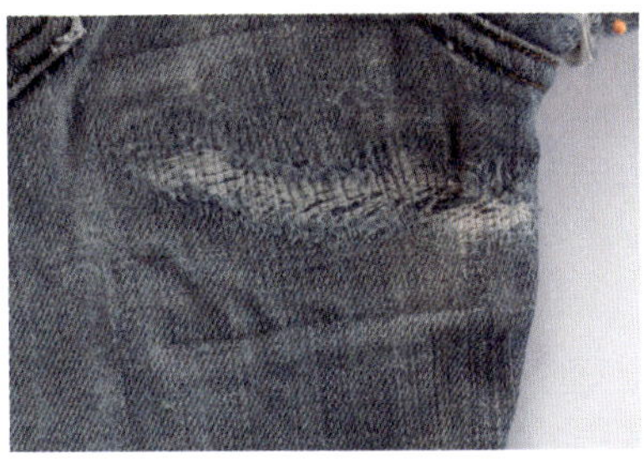

EINEN AUFGESETZTEN, AUSGEFRANSTEN FLICKEN AUFNÄHEN

Flickenstoff ca. 1 cm größer als die Schadstelle zuschneiden, beidseitig klebendes Haftvlies ca. 3–4 mm kleiner zuschneiden als den Flickenstoff und auf die Rückseite bügeln, Trägerpapier abziehen und Stoff mit der Klebeschicht auf die Schadstelle bügeln, auskühlen lassen. Zur besseren Haltbarkeit Flicken zusätzlich mit Geradstichen aufnähen. Die Kanten des Flickens aufbürsten, um sie fransig werden zu lassen.

EIN LOCH MIT UNTERLEGTEM STOFF AUFFÄLLIG FLICKEN

1 Flickenstoff etwas größer als das Loch zuschneiden, unter das Loch legen, feststecken.

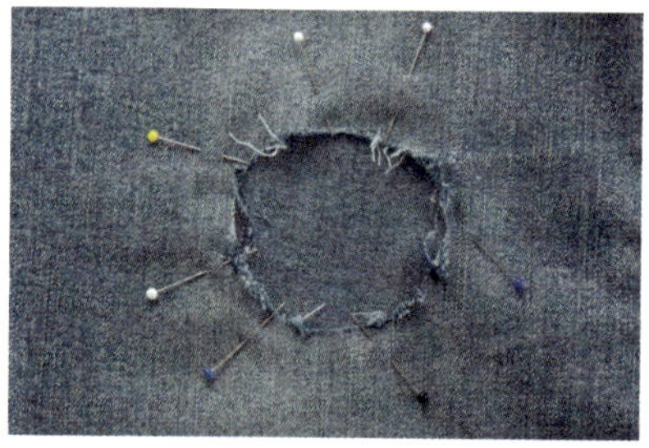

2 Mit Zickzack- oder Zierstichen – auch in kontrastierenden Farben – auffällig festnähen.

EIN LOCH MIT UNTERLEGTEM, GEMUSTERTEN STOFF FLICKEN

Soll der Flicken besonders betont werden, so kann dieser in einer besonderen Form zugeschnitten, mit gleichem oder kontrastierendem Stoff oder Faden und mit Gerad-, Zickzack- oder Zierstich aufgenäht werden.

1 Flickenstoff doppelt legen und ringsum mit Zickzackstich versäubern. Flickenstoff unter die Schadstelle legen und feststecken, den Flicken von rechts wie gewünscht festnähen (Rückseite).

2 Zusätzlich evtl. Textilblüten oder Perlen zum Dekorieren annähen oder mit Textilkleber ankleben.

ZERSCHLISSENES HOSENTASCHENFUTTER AUSBESSERN

Taschenfutter sind häufig aus dünnem Baumwollstoff und den ständigen Beanspruchungen nicht gewachsen. Löcher oder Risse sind die Folge. Schnelle Abhilfe bei kleinen Löchern oder Rissen sind Aufbügelflicken, die in den Kurzwarenabteilungen der Kaufhäuser oder in Onlineshops zu finden sind. Sie werden einfach über die Schadstelle gebügelt und die Hosentasche ist somit rasch wieder einsatzfähig.

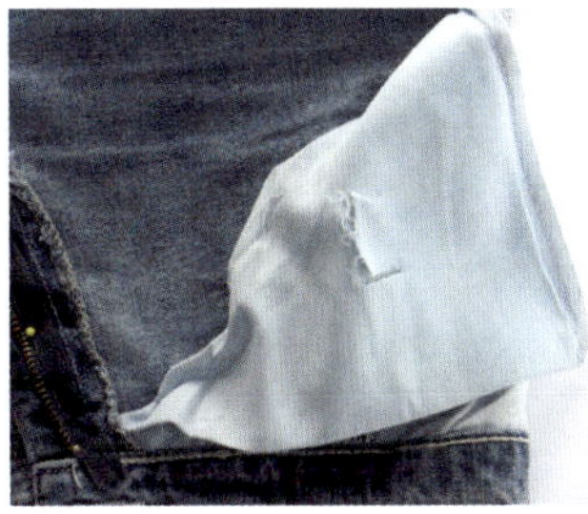

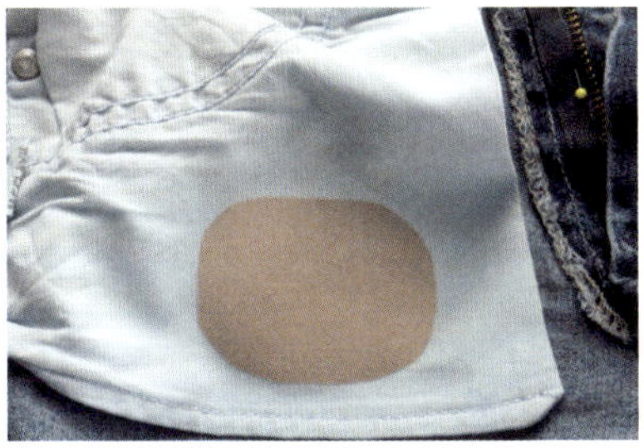

ZERSCHLISSENES HOSENTASCHENFUTTER ERSETZEN

Ist der Defekt zu groß, kann die Hosentasche durch eine fertige Hosentasche ersetzt werden. Man erhält Fertigtaschen zum Festbügeln in den Kurzwarenabteilungen der Kaufhäuser oder in Onlineshops.

1 Hosentaschenfutter abschneiden.

2 Neues Taschenteil feststecken und anbügeln.

3 Zusätzlich kann die Futtertasche festgenäht werden.

MASCHINENSTOPFEN

Dünne Schadstellen, kleine Löcher und Risse können mit der freien Nähtechnik oder dem Stopfprogramm der Nähmaschine schnell ausgebessert werden.

1 Bi-elastisches aufbügelbares Vlies etwas größer als die Schadstelle zuschneiden und von innen über die Schadstelle bügeln.

2 An der Nähmaschine den Stopffuß einsetzen und je nach Maschinentyp die Einstellung Freihandnähen oder Stopfprogramm wählen, den Transporteur versenken. Passenden Nähfaden einfädeln, Maschinennadel Stärke 80 einsetzen. Stoff mit der Schadstelle in einen Stickring einspannen. In Webrichtung auf der Stoffoberseite in freier Stopftechnik mit Geradstich vor- und rückwärts über die dünne Stoffstelle nähen, indem man den Stickrahmen langsam auf und ab bewegt. Man beginnt mit dem Nähen im nicht beschädigten Gewebe und näht entlang der Stoffstruktur über die Schadstelle und über diese hinaus, dadurch wird die Stopfstelle fast unsichtbar. Weil man über die Schadstelle unregelmäßig weit hinausnäht, verhindert man ein gleichmäßig wiederkehrendes Einstechen an der Stopfkante, die dadurch sehr rasch wieder ausreißen würde.

3 Rückseite der gestopften Schadstelle.

4 Soll die geflickte Schadstelle dekorativen Charakter bekommen, kann auch mit Zickzackstich und Kontrastgarn genäht werden.

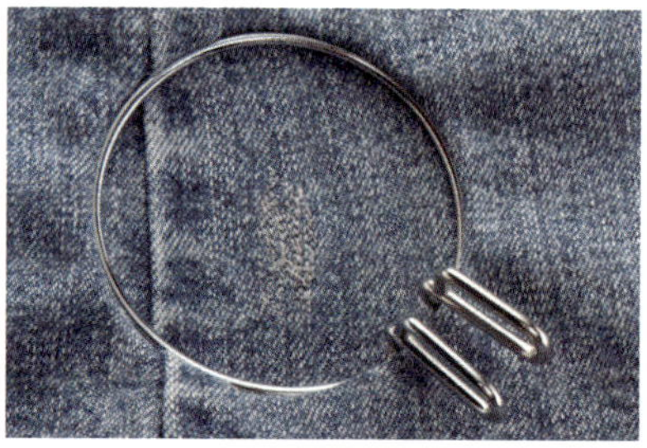

REISSVERSCHLUSS ERSETZEN

Jeans haben in der Regel Topstitchnähte, die auf üblichen Haushaltsnähmaschinen nicht nachgenäht werden können.

1 Nur die Nähte auftrennen, mit denen der Reißverschluss am Stoff befestigt ist und die Topstitchnähte unberührt lassen.

2 Ausnahme am Bund: Hier müssen aber nur zwei bis drei Stiche aufgetrennt werden, um den Anfang des Reißverschlussbandes herauszuziehen. Zum Trennen einen Nahttrenner verwenden.

3 Naht des Reißverschlusses auf der gegenüberliegenden Seite auftrennen.

4 Der alte Reißverschluss kann jetzt herausgenommen werden.

5 Am Untertritt den Anfang des Reißverschlussbandes wieder in die Bundöffnung schieben, das übrige Band zwischen die Stofflagen genau an der gleichen Stelle des alten Reißverschlusses anstecken, evtl. heften. Reißverschlussfuß in die Nähmaschine einsetzen, Allesnäher einfädeln und so nah wie möglich an der Zähnchenreihe entlang von oben nach unten nähen.

6 Das obere Ende der anderen Reißverschlusshälfte in die Bundöffnung schieben und das Reißverschlussband von Hand an der alten Stelle mit Rückstichen festnähen. Dabei darauf achten, dass beim Nähen nur eine Stoffschicht mitgefasst wird, damit der Stich auf der Vorderseite unsichtbar bleibt. Das Reißverschlussende besonders gut festnähen, da diese Stelle am meisten beansprucht wird. Bundöffnungen wieder zunähen.

#TOPPPROJEKT

Die eigene Kreativität zeigen: TOPPprojekt mit anderen Kreativen teilen und Teil der Gemeinschaft werden.

DIY-begeistert und auf Instagram? Dann unbedingt mitmachen! Hier gibt's Tipps und Feedback zu den eigenen Projekten. Außerdem verlosen wir jeden Monat ein Überraschungspaket. Um am Gewinnspiel teilzunehmen, einfach ein Bild vom Kreativ-Projekt aus unseren Büchern mit #TOPPprojekt posten und unserem Account @frechverlag folgen. Mehr Infos auf TOPP-kreativ.de/TOPPprojekt

Website
Auf TOPP-kreativ.de kannst du ein riesiges Angebot von über 1.000 Kreativbüchern, Sets & mehr entdecken.

Newsletter
Gleich anmelden unter: TOPP-kreativ.de/newsletter und immer als Erstes von unseren Neuheiten und Sonderaktionen erfahren.

Instagram
@frechverlag

Pinterest
pinterest.com/frechverlag

Facebook
facebook.com/frechverlag

DigiBib
Hier findest du zusätzlich zu vielen unserer Bücher digitale Extras, wie Video-Tutorials, Plotter-Dateien, Vorlagen, Übungsblätter & vieles mehr. Einfach im Impressum deines TOPP-Buchs den Freischalte-Code nachschlagen und exklusive Inhalte freischalten. TOPP-kreativ.de/digibib

Youtube
youtube.com/frechverlag

Wer wir sind, wie wir arbeiten, was wir lieben …

Auf Instagram, Facebook und Pinterest finden Sie mehr über uns und unsere Arbeit und werden Sie immer schnell und einfach mit den neuesten Infos versorgt.

Alle News, alle Infos und alle Links finden Sie auf www.TOPP-kreativ.de

Abkürzungen

l-a-l	links auf links
lt.	laut
NZG	Nahtzugabe
r-a-r	rechts auf rechts
RV	Reißverschluss

KREATIV-HOTLINE

Hilfestellung zu allen Fragen, die Materialien und Bücher zu kreativen Hobbys betreffen: Frau **Erika Noll** berät Sie. Rufen Sie an oder schreiben Sie eine E-Mail!

Telefon: 07 11 / 123 757 20 *

*normale Telefongebühren

E-Mail: mail@kreativ-service.info

Fotos: lichtpunkt, Michael Ruder, Stuttgart
Freepik.com: Seiten 6 (jcomp), 10-11, 15, 20-21 (wirestock), 46-47 (vecstock), 68-69 (Oleksandr Ryzhkov), 96-97 (wirestock), 110-111 (jcomp), 126-127 (wirestock)
Produktmanagement: Jessica Josphine Cremer
Lektorat: A. Reuß
Layout und Satz: Heike Köhl, Werbeagentur Rypka GmbH, www.rypka.at
Druck und Bindung: PNB Print Ltd, Lettland

1. Auflage 2024

ISBN: 978-3-7358-7083-4 Best.-Nr. 27083

MIX
Papier | Fördert gute Waldnutzung
FSC® C084698
FSC
www.fsc.org

Penguin Random House Verlagsgruppe
FSC® N001967